Werner Kurze

AF766638

Mischung 10

Gedichte, Gedanken, Geschichten

Werner Kurze

Mischung 10

Gedichte, Gedanken, Geschichten

Rediroma-Verlag

Bibliografische Information der Deutschen Nationalbibliothek:
Die Deutsche Nationalbibliothek verzeichnet diese Publikation in der Deutschen Nationalbibliografie; detaillierte bibliografische Daten sind im Internet über http://portal.dnb.de abrufbar.

ISBN 978-3-98527-394-2

Copyright (2022) Rediroma-Verlag

Alle Rechte beim Autor

www.rediroma-verlag.de
11,95 Euro (D)

Inhalt

Abschied vom Verein

Ich scheide von euch nun fast ganz
und ziehe deshalb die Bilanz.
Es war ‘ne gute Allianz,
mit Toleranz, nicht Ignoranz.

Trotz mancher kleinen Dissonanz,
sei’s in der Sache, sei’s Finanz,
stets gab’s am Ende Konkordanz,
durch Toleranz, nicht Ignoranz.

Ganz ohne harte Ordonnanz
steht der Verein da, fast im Glanz.
Es ging auch ohne Firlefanz,
mit Toleranz, nicht Ignoranz.

Bezirksweit sind wir nicht am Schwanz,
mehr weiter vorn, mit Ehrenkranz.
Es ging uns immer um Substanz,
mit Toleranz, nicht Ignoranz.

Gab’s trotzdem mal ein’n Eiertanz
und eine Meinungs-Diskrepanz,
letztendlich einten wir uns ganz,
mit Toleranz, nicht Ignoranz.

Nun räum’ ich den Platz und melde Vakanz.
Macht’s gut und bleibt in Resonanz!
Ich bin ziemlich sicher, mein Nachfolger kann’s,
mit Toleranz, nicht Ignoranz

Achtzigster Geburtstag

Mit 20 hat man schöne Träume.
Die Liebe wächst noch hoch wie Bäume.
Geträumte Hoffnung uns Welten erschuf,
fantastische Schlösser für jeden Beruf.

Mit 30 und 40 zieht Realismus dann ein.
Vor allem ein gutes Einkommen muss sein.
Familienbildung statt Saus und Braus.
Und wenn's irgend noch geht, auch noch 'n Haus.

Mit 50 fühlt man sich noch ganz fit.
Man ist zufrieden und liegt gut im Schnitt.
Auch ignoriert man keine Beschwerden
Und betet: Bloß nicht entlassen werden!

Mit 60 ist fast alles gelaufen.
Man kann sich endlich fast alles kaufen.
Bloß krank sein, das dürf'mer nicht.
Arthritis ist blöd und noch blöder Gicht!

Mit 70 ist's biblische Alter erreicht.
Und wer's überlebt der hofft, dass vielleicht
ihm noch paar schöne Jahre bleiben.
Er könnte ja Altershobbys betreiben?

Mit 80 sind nette Menschen zufrieden.
Sie können nur kurze Pläne noch schmieden..
Oben noch klar und unten dicht!
Dann ist es okay, mehr brauch'n wir nicht!

Akelei

Eines Tages erhält der liebe Petrus einen Brief der kleinen Lisa mit der Bitte, ob er ihr ein paar Blümchen für ihren kranken Vater schicken könnte.

Na, und was macht der liebe Petrus da? Er geht sofort zum himmlischen Gärtner und bittet ihn darum. Der kam auch gleich mit einem kleinen Blumentopf mit niedlichen, kleinen Veilchen an. Petrus dankt ihm und geht nach Hause. Dort in der Küche fiel ihm ein, dass er irgendwo noch etwas Dünger stehen hatte. Er fand auch ganz schnell die Flasche mit einem weißen Puder und der Aufschrift: LS. Was hieß denn nun noch LS? Sicher L für Liebe und S für süß. Also streut er eine Prise auf die schönen, kleinen, blauen Veilchenköpfchen. Er schickt kurze Zeit danach einen Engel mit den Veilchen zur Lisa.

Der stellt das Töpfchen auf den Fensterrand und Lisa freut sich wie eine Königin darüber.

Am nächsten Morgen wird der Topf auch gleich mit Wasser begossen und dem kranken Papa geschenkt.

Der freut sich auch über die niedlichen, kleinen Glöckchen. Aber nun passiert etwas, womit keiner gerechnet hat. Am nächsten Tag fingen die Veilchen an zu wachsen. Die Stiele wurden jeden Tag größer. Bald waren es keine niedlichen Veilchen mehr, sondern große und hohe Blumen. Was war denn da passiert? Der Petrus hatte geglaubt, dass er einen Dünger auf die Blumen gestreut hatte. Aber er hatte sich geirrt. LS war nämlich die Abkürzung für lange Stiele.

Er hatte ohne es zu ahnen mit diesen Wundersalz eine neue Blumenart geschaffen: Kleine Glockenblüten am langen Stiel. Diese neue Blume hieß sodann Akelei.

Aktionisten

Der Aktionist hat oftmals Pech
und's Schicksal ist mit ihm dann frech,
denn wenn er weg ist vom Geschehen,
da kann man schlimme Sachen sehen.

Da geht es fröhlich und ganz munter
schnell mal drüber und auch drunter.
Am besten ist's, er geht nie weg
und verlässt nie seinen Fleck.

Nur so klappt alles wie auf Pfiff;
alles gleich beim ersten Griff

ALDI

De ALDI muss en Schlauer soi.
Der weeß als immer, was ich will.
Wann ich do bin, do pack ich oi.
De Waache voll, dann bin ich erschd schdill.

Der ALDI muss mindeschdens Professor soi.
Ich bin als platt, wie der des macht.
Fer 2,49 hot der Spätlese-Woi
uns Obschd hot mich aach ogelacht.

Net bloß de Äppel, aach klenni Banane.
De richdiche Greeß henn die fer moi Maache.
Un alles schä frisch, wie erschde Sahne.
Do kann kenner ebbes Schlechtes zu saache.

Awwer noch mol zum ALDI, wie macht der des bloß?
Ich schdaun do werklich jedesmol sehr.
Der hot scheeni Sach fer wennich Moos
un ich kann se brauche! Wo weeß der des her?

Allein sein

Allein sein ist großer Mist,
weil du nämlich alleine bist.
Mit Partner ist geteiltes Leid
auch nur noch ein halbes Leid.

Auch das reicht schon, verdammt nochmal.
Mir schmeckt sie nicht, die Einzelqual.
Drum kommt zusammen, bleibt nicht allein!
Ich bin voller Freude. Sie kommt heute!

Alles, was entsteht, ist wert, dass es zugrunde geht

Ein wunderschöner Satz von unserem Haus- und Hofdichter Goethe, den er Mephisto im Faust I in den Mund gelegt hat.

Aber er stimmt sachlich nicht. Er ist falsch.

Als ich 18 Jahre alt war, haben mich viele der wunderschön formulierten und klugen Textpassagen im Faust begeistert, und das auch wegen der tollen schauspielerischen Wirkung, die mir schon mein Vater u.a. durch Faustlesungen nahe gebracht hatte. Aber in dieser Zeit habe ich den Inhalt der Goethe-Worte nicht kritisch hinterfragt. Goethe war der Größte und Schulstoff war es sowieso. Da kritisierte man damals in den 50er Jahren nicht dran herum.

Heute bin ich 80 und hinterfrage solche Sätze schon. Oft sind in solchen markigen Sätzen Teile richtig, aber in ihrer schier kategorischen Absolutheit nicht.

Ich komme wieder auf den oben zitierten Satz zurück. Da ist von einer Wertaussage die Rede. Werte kann man in der Naturwissenschaft, und ich bin Naturwissenschaftler, nur mittels einer Wertskala bestimmen. Kann man „alles, was entsteht" bewerten? Diese Frage kann man schon nicht ohne weiteres beantworten. Was wir beantworten können, jedenfalls in vielen Fällen, ist, warum etwas entsteht, und das ganz sicher auch planmäßig. Dieser Plan heißt, soweit wir ihn kennen, Naturwissenschaft, oder meinetwegen auch Naturgesetze. Wie es zu diesen gekommen ist, ist zwischen Theisten und Atheisten strittig. Aber das wollen wir jetzt nicht auch noch weiter vertiefen.

Man könnte versuchen, Neuentstandenes nach seinem Wert für die Zukunft zu bewerten. Da über die natürliche Auslese die Natur Dauerbeständiges und weniger Beständiges allmählich trennt, wäre also bei dieser Wertfestlegung auch nicht alles wertlos. Das, was überlebt, wäre dann wertvoller.

Aber ich habe Hemmungen, diese Aussage als endgültig stehen zu lassen, denn wie funktioniert die natürliche Auswahl? Es entstehen mehrere Varianten, die sich in ihrer Umwelt bewähren müssen. Und man kann nicht ohne weiteres voraussagen, welche Variante die zukunftsträchtigste sein wird. Also werden auch die weniger überlebensfähigen Varianten gebraucht, um diesen Beweis zu erbringen. Also haben auch sie einen gewissen Wert.

Das ist so wie beim Arzt, dem der Patient eine Krankheit beschreibt, aber er findet zunächst nicht die Ursache. Was macht er? Er bedient sich des Ausschlussverfahrens. Er prüft bestimmte Parameter, um sukzessive einige Krankheiten als Ursache ausschließen zu können. So sind ihm also selbst Negativaussagen wertvoll.

Wollte man als Wertskala nicht die Zukunftswertigkeit, sondern den aktuellen Tageswert einer Sache zugrunde legen, wird die Bewertung noch schwieriger.

Sind hohe Bankzinsen gut oder schlecht? Für Bauherren gut, für Kapitalanleger schlecht. Hier kommt es auf tausend Zusatzaspekte an: für wen? Wann? Wie oft? Usw.

Aber niemals ist alles schlecht! Es gilt immer als Mindestfeststellung der Satz der Bipolarität. Alles, was gut ist, ist irgendwo auch schlecht und alles, was schlecht ist, ist irgendwo auch gut.

Zum Schluss meiner Überlegung will ich aber dem Herrn Goethe noch eine kleine Freundschaftsbrücke bauen: Das Schauspiel, ja fast die ganze Kunst, lebt halt auch von der Übertreibung. So sei ihm verziehen, wenn er aus „vielem, was zugrunde geht“, „alles“ gemacht hat.

Alte Leute

Jedes Alter muss man mal erleben. Ein junger Mensch kann sich nicht so richtig vorstellen, wie es einem geht, wenn man selbst alt ist.

Umgekehrt haben auch alte Menschen nicht mehr so richtige Vorstellungen über das, was junge Leute so interessiert. Aber die Alten waren immerhin selbst auch schon mal jung. Nur haben sie einen Teil aus dieser Zeit einfach vergessen und es waren natürlich ganz andere Zeiten in ihrer Jugend. Ganz viel war anders.

Wir leben heute halt in einer Zeit, in der sich viele Dinge unseres Alltags sehr schnell ändern. Deshalb machen die Jungen viele Sachen, die die Alten gar nicht kennen oder können. Man denke bloß zum Beispiel an alles, was mit Computertechnik zusammenhängt. Oder auch fremde Sprachen können Barrieren entstehen lassen. Die Alten haben nicht so viel Englisch gelernt wie die Jungen. Und da gibt es noch viele weitere Beispiele.

Ich sitze gerade an meinem Schreibtisch und vor mir liegt ein kleines, farbiges Band. Es ist ein bisschen schnuddelig und nicht mehr ganz in Ordnung. Ich glaube, man nennt, oder muss ich besser sagen „nannte", diese Bänder Freundschaftsbänder. Das vor mir liegende hatte mir meine liebe kleine Enkelin vor einigen Jahren liebevoll ums Handgelenk gebunden, weil ich ihr „Freund" war.

Ich habe es natürlich auch lange getragen. Irgendwann einmal habe ich es abgemacht und aufgehoben.

Nun liegt es vor mir und aus meinem kleinen Enkelkind ist inzwischen ein hübsches junges Mädchen geworden. Da gehen die Gedanken wohlgemut und gern in schönen Erinnerungen spazieren. Aber leider wollen sie keinen so guten Anschluss ans Heute finden. Denn ein junges Mädchen hat halt wirklich ganz andere Interessen als alte Leute. Dabei begleiten sie alle meine guten Wünsche. Und nicht nur das. Es wandern auch heute noch manche Wohltaten zu ihr. Wie gern würde ich mich mit ihr einmal länger als ein paar Minuten auf einer Geburtstagsfeier unterhalten. Aber es kommt nicht dazu.

Was bleibt den Alten übrig? Mit dem zu leben, was das Leben ihnen gibt – noch gibt. Und das ist wohl eines der gravierendsten Probleme im Alter: das Abschiednehmen. Das muss man schweren Herzens lernen, Abschied nehmen – von so vielen Dingen, die aus ganz verschiedenen Gründen einfach nicht mehr im Alter stattfinden. Das ist schon schwer, und da kann man auch mal traurig werden.

Aber als Optimist, und das sollte man immer sein, weil mit dieser Grundhaltung das Leben einfach viel schöner ist, muss man sich immer wieder erst mal an dem freuen, was alles geht. Und das ist noch sehr, sehr viel.

Also ist das Leben schön. Punkt.

Falls mich also jemand in den nächsten Tagen aber mit so einem leicht verklärten und in sich gekehrten Gesicht sehen sollte, dann weiß er, dass ich das Freundschaftsband meiner Enkelin kurz vorher wieder angesehen habe.

Und diese Erinnerung kann mir glücklicherweise keiner nehmen.

Alt sein

Heute ist es einmal wieder so weit gekommen, dass ich meinem Herzen etwas Luft verschaffen muss, weil mich die Menschheit und ihr unzureichendes Miteinander so ärgert. Um es gleich zum Anfang zu sagen: Ich bin Patient und schreibe als solcher.

Die Probleme unserer Ärzte und deren Hilfspersonal müssen dieselben selbst klären. Nicht ich. Ich will über meine Probleme schreiben in der Hoffnung, dass wer auch immer den Text liest, auch Ärzte und ihr Hilfspersonal, meine Sorgen und meinen Ärger zur Kenntnis nehmen und vielleicht das eine oder andere doch nachdenklich macht und für minimale Änderung sorgt.

Ich bin 85 Jahre alt und wie fast alle meine Analogons auf alle Fälle krank. Ich hätte als junger Mann nicht geahnt, was man als alter noch für Leiden ertragen muss. Also, alte Menschen sind meistens krank und suchen Ärzte als Hilfe auf.

Doch da geht's schon los. In unserer motorisierten Welt ist der nächste Arzt nicht mehr gerade um die Ecke. Nein, man muss als Erstes zum Telefon greifen. Und das machen alte Leute auch schon nicht mehr gern. Aber gut, man muss es. Da meldet sich ein Automat, der einem mitteilt, dass man außerhalb der Dienstzeit anruft. Wenn man Glück hat, nimmt er auf, wo man Hilfe braucht. Wenn man Pech hat, nicht. Oder er sagt, geben Sie das PIN ein, die wir dafür aber gar nicht haben. Zu anderer Zeit meldet sich eine Frau, aber nicht mit solchen Worten: „Wir freuen uns, wenn wir Ihnen helfen können.“ Schon eher: „Diese Woche ist alles besetzt. Können Sie am Montag um 12:00 Uhr vorbeikommen?“ – Eigentlich nein, weil ich da gern Mittag essen würde. Aber man sagt: „ja.“

Am nächsten Tag ruft man an für ein Rezept. Das kann man

aber nicht gleich holen, nö, erst am Nachmittag ab oder bis 16:00 Uhr. Ich habe schon erlebt, dass der Arzt die zweite Packung eines Schmerzmittels strich, obwohl er wusste, dass die erste Packung nach einer Woche verbraucht war. Also fand das gleiche Theater wieder nach einer Woche noch einmal statt.

Mein Hausarzt stellt mir oft eine Liste der verordneten Medikamente fertig. Das sind z.Z. elf Sachen. Aber ich nehme ja noch weitere Sachen wie Gingio, OPC (ein Antioxydans) u.a., die schreibt er nicht mit drauf. Ich bin in der glücklichen Lage, dass ich eine liebe Freundin habe, die mein Tablettenwart ist. Sie sortiert den ganzen Kram für eine Woche in Schächtelchen. Sie glauben nicht, wie schnell die Woche herum ist. Ich könnte das heute nicht mehr alleine .

Überhaupt habe ich auf diesem Gebiet viel Glück gehabt. Meine verstorbene Frau und auch meine heutige Freundin war und ist Krankenschwester von Beruf. Auf diese Weise bin ich immer gut medizinisch betreut worden. Die privat besorgten Arzneien führt der Arzt leider nicht auf.

Aber zurück zum Arztbesuch. Wenn ich um 10:00 Uhr bestellt war, saß ich um 9:45 Uhr schon im Wartezimmer. Allerdings meistens trotzdem eine Stunde. Denn irgendwas kam dort immer dazwischen, ein Notfall oder was weiß ich. Ich bin niemals kurz nach dem Kommen dran gewesen.

Ich erspare dem Leser die tatsächlichen Öffnungszeiten meines Hausarztes. Sie lauten leider nicht von 8:00 bis 18:00 Mo. Bis Fr.. Sie sind so diffizil, dass ich mir einen Zettel neben das Telefon gelegt habe, um mich darin zurechtzufinden. Und wenn Sie da mal um 16:01 kommen und 16:00 ist Schluss, dann werden Sie im Regelfall nicht mehr hereingelassen oder mit solchen Bemerkungen: „aber nur ausnahmsweise! Sie wissen ja, dass wir schon geschlossen haben.“ Der Tonfall ist so sauer, als ob die Gehilfen am liebsten ergänzen würden: „Alter Depp!“

Und da sind wir an einem anderen Punkt: Mir fällt auf, dass Ärzte und ihr Personal sich weniger nett zu mir verhalten, seitdem ich älter und gebrechlicher geworden bin. Manchmal habe ich den Eindruck, dass sie sich durch mich genervt fühlen. Aber hier muss ich einmal ganz klar sagen,

dass alte und kranke Patienten nicht mehr so nett sein können wie jüngere Menschen. Und wer das ständig vergisst, hat vielleicht den falschen Beruf gewählt.

Aber letzten Endes verdienen sie alle an uns und dann darf man auch ein Mindestmaß an Höflichkeit und Hilfe erwarten.

Glücklicherweise gibt es auch nette Arzthelferinnen, die einen mit einem Satz begrüßen: „Ich freue mich, dass Sie uns heute besuchen!“ Da geht einem das Herz auf und man ist automatisch ein netter Kunde, der die jungen Augen anlacht. Bei diesen Kontakten ist auch kein Problem, dass man ein Rezept zugeschickt bekommt. Und man lässt auch mal einen 5,00€-Schein zur Portobezahlung da. Um so mehr verärgert ist man, wenn man am Telefon belehrt wird, dass man das Rezept eben selbst abholen muss.

Und zum Schluss noch ein Wort an meine Krankenkasse. Nach einem schweren Unfall im November vorigen Jahres bin ich nicht mehr mit dem eigenen Auto gefahren. Ich habe für mich ein unsicheres Sehvermögen festgestellt. Glücklicherweise fährt aber meine Lebenspartnerin noch hervorragend Auto. Und so kam es, dass sie alle Autofahrten für mich übernahm. Das waren Esseneinkäufe, Arztbesuche und viele weitere Erledigungen.

Selbstverständlich bin ich ihr auch sehr dankbar dafür. Nun hat mich meine Krankenkasse in die Behindertenklasse 1 eingestuft. Und da kann ich auch ein paar € mit der Krankenkasse verrechnen. Nun kommt aber der Haken: Ich darf nur abrechnen, wenn der Leistungsträger eine soziale Organisation wie DRK oder andere Hilfsdienste ist. Die Fahrten meiner Lebenskameradin darf ich nicht abrechnen. Toll, was? Der da hilft, bekommt nix, nur der, der's darf. Das ist in meinem Verständnis unmöglich, aber das interessiert keinen.

Fazit: Alte, kranke Menschen können nicht mehr nett sein. Ihr Ärzte und Helfer, versucht es, uns gegenüber nett zu sein.

Und damit Sie den Autor dieser Zeilen nicht nur griesgrämig in Erinnerung behalten, verabschiedet er sich hier lachend.

Ihr Werner Kurze

Armut

Wer ist arm? Nach einer Diskussion mit meiner Lebenskameradin sind wir der Meinung, dass staatliche Maßstäbe über Prozent des Sozialproduktes nicht ausreichend sind. Wir sehen alle Menschen als arm an, die hungern müssen. Und wie viele sind das? Es sind zur Zeit 821 Millionen Menschen. Und das sind 11%? Das heißt, dass jeder neunte Mensch hungern muss .

Mein Gott, wie blöd ist denn die Menschheit, dass so viele Millionen Menschen hungern müssen? Und das, obwohl die Welt genügend Lebensmittel erzeugt, dass alle genug zu essen hätten! Tonnenweise werden Lebensmittel vernichtet.

Ich kann das wirklich nicht begreifen, dass wir immer noch große Kriege führen um Besitz und Macht und daneben sterben Hungernde.

Ich bin ein sogenannter „weiser Jahrgang“. Das sind Menschen, die ohne Tricks Glück hatten und niemals zum Militär mussten. Ich kann infolgedessen auch nicht schießen und bin froh drum. Mit großem Interesse sah ich Ausstellungen mit Auswertungen großer historischer Kriege. Danach hat kein Land sein gewünschtes Ziel erreicht. Aber wir bleiben anscheinend so dumm und lernen daraus nichts, nein, wir rüsten alle wie die Idioten auf und pflegen unseren Atombombenbesitz wie Gold.

Noch eine Gruppe armer Menschen möchte ich nicht unerwähnt lassen. Das sind die sozial Abgehängten. Als Beispiel nenne ich Kinder ohne pflegebereite Ersatzeltern und Schwerkranke, um die sich keiner kümmert. Leider sind das auch noch eine ganze Menge.

Als Leser erwarte ich nun die Frage an mich: Und was tust du dagegen? Mir fällt nichts anderes ein, als zu spenden .

Natürlich können wir die Welt nicht ohne weiteres ändern,

aber wir können wenigstens vom Reichtum einen kleinen Anteil abgeben. Ich kenne die geläufigen Argumente gegen das Spenden, z.B. wer weiß, ob das Geld auch sachgemäß verwendet wird? Aber nichts tun sehe ich als Sünde an. Als Sündc gegen die Menschlichkeit. Also tut etwas, ihr Sünder! Lasst einen Hungernden weniger sterben!

Auf dem Spielplatz

Ich fragte mich woher die vielen
Kinder kommen oft zum Spielen?
Und deshalb ging ich mit einem Kind
zum Spielplatz mit und ganz geschwind.

Da saßen sie und buddelten im Sand
und bauten Burgen mit der Hand.
Ich fand das prima. Das war Klasse
Ich wühlte mit herum in der Masse.

Als ich dann auf der Burg erschien
wie'n putziger weißer Baldachin,
da mussten zwei Kinder lachen spontan
und ich dann auch noch hintendran.

Doch eines hatte Angst und schrie: „Mama!
Vorn da ist ein Tier. Was will das da?"
Doch dann kam ein Mann mit einem Spaten
und war bereit zu bösen Taten.

Er würde mich jetzt gleich erschlagen.
Ich würde niemanden mehr plagen.
Doch ich war klug und riss ihm aus
und sauste vom Sand in den Ärmeln hinaus.

Und rettete mein Leben ganz superschnell.
Ich kann jetzt wieder lachen ganz froh und hell.

Beim Bäcker

Hier gibt’s Brot
gegen Hunger und Not
Arme und Reiche
kriegen das Gleiche

Besuch inne Palz

Neilich hatte mir Besuch.
Do bot sichs dann so ergewe,
dass de Schpruch: „Ä Blick ins Buch,
zwä uffjede Fall ins Lewe!“
klar wie Kloßbrieh trat ans Licht,
denn moi Onkel un soi Tante
warn im Kopp scheints net ganz dicht,
weil se „Keschdebääm“ net kannte.

Schtellt eich des mol richtich vor,
die wusste net, dass bei uns hier
Keschde wachse, Johr fer Johr,
zur Freed der Mensche un zur Zier.

„Un die kammer werklich esse?“,
henn se uns erschtaunt gefroocht.
„Ja, des is ä Delikadesse!“,
hemmer se dann druff gebroocht.

Die vum Norde esse Fisch,
Krebse vielleicht noch dezu.
Solche „Frichte“ ess ich nich.
Loßt mer mit dem Zeig moi Ruh!

Wers net kennt, der muss's versuche:
Keschde un aach neie Woi,
un dann aach noch Zwiwwelkuche!
Des is gut, un des muss soi!

Besuch in Würzburg

Ich bin der alte, blöde Kerle,
den unsre Ilse, die liebe Perle,
besucht in meiner schönen Pfalz.
Sie lebe hoch und Gott erhalt's!

Sie muss nach ihrem Hause gucken.
Dabei muss ich mich achtsam ducken.
Sie gehört nicht ihrem Freund allein.
Es muss auch immer ihr Haus noch sein.

Ihr seht, ich habe Konkurrenz,
die mich bedroht als Existenz.
Dabei ist dieses Haus doch tot.
Ich bin ein Lebend-Angebot!

Ich gebe zu, Würzburg ist schön,
aber die Pfalz müsstet ihr mal seh'n!
Der Main ist fein, aber sooo klein.
Nichts geht über den „Vater Rhein"!

Ich opfer' mich, Euch zu besuchen,
und ess' vielleicht sogar noch Kuchen.
Doch bleibt des Lebens schönster Schmalz
über alles unsre Pfalz.

Blöde Kokken

Manche Krankheit besteht aus Kokken
halb so groß wie Haferflocken.
Und das ist auch gar kein Spaß,
die Kerle töten ohne Maß.

Ob du oder ich, man weiß es nicht.
Mal trifft es Große mal 'nen Wicht.
Leute, bleibt zu Haus daheim!
Dann überlebt ihr, wie auch dieser Reim.

Blumme

Meine Frau, die hat Blumme,
so schön un alle noch fer umme
un all von so Geburtstagsfeiern
hier in Würzbug bei den Bayern.

Un ich hock do nur zum Begucke.
Ich lass se aach noch dann bedrucke
mit diesen Superschwergewicht
von diesem extra schön' Gedicht
2020/10

Do braucht mer halt Zeit, des zu verstehe,
was awwer ich jetzert ganz klar vor mer sehe.
Un es gibt jo noch annere, die mache des a,
ganz ohne Hemmunge un ohne Trara.

Denkt mol an de Schdroß, Ehr Leit!
Wege klä Löcher, henn die niemals Zeit.
Awwer große, die werdn noch erweitert im Nu,
dann wird geschafft un de Schdroß widder zu.

Des ist ä allgemoines Prinzip:
Wege Kläkram wackelt kä Mensch mit de Riep.
Un große Löcher, die muss mer erschd schaffe.
damit kammer eher schun Monete raffe!

Brief an meinen Opa

Mein lieber, alter Opa!

Ja, richtig, ich meine Dich, meinen alten Opa, der schon vor vielen Jahren gestorben ist. Aber vielleicht fliegt seine Seele oder etwas anderes von ihm noch irgendwo herum und er kann mich doch hören. Wer weiß das schon so genau?

Also, lieber Opa, ich möchte mich heute bei Dir für die vielen Gespräche in Eurer Stube bedanken, bei der ich Dich alles fragen konnte. Du hast mir immer eine interessante und meistens auch für mich weiterbildende Antwort gegeben. Heute bin ich auch ein alter Mann, über 80 Jahre alt, und kann mich ganz gut in Dich hineindenken.

Du hast oft husten müssen. Davon habe ich anscheinend ein Stück geerbt. Aber weil ich kein Raucher bin, ist es vielleicht deswegen geringer ausgeprägt, und es stört mich fast gar nicht. Aber es ist eben so, wenn man älter wird, gehen viele Sachen nicht mehr oder viel schlechter, als man jung war.

Du hattest auch Probleme mit Deinen Augen. Ich habe gesehen, wie Du damals dein Glasauge herausgeholt hast. Ich habe heute auch kleine Probleme mit meinen Augen. Gestern war die Sehfähigkeit meines rechten Auges für eine bis zwei Minuten völlig weg. Das sind sicherlich auch Anzeichen dafür, dass die Sinne im Alter nachlassen oder ganz ausfallen können.

Schade, dass ich Dir das nicht selbst sagen kann, denn ich weiß nicht, wo Du bist, wenn überhaupt noch etwas von Dir da ist. Aber eines ist da: eine gute Erinnerung an Dich in meinem Gehirn, solange es noch funktioniert.

Dein Enkel Werner

Briefpost

Bekommst du gern Briefe? Du wirst lachen, ich auch!
Doch ich schreib nicht gern mit vollem Bauch.
Das wussten schon Römer, dass ein *plenus venter,*
der volle Bauch, *non studet Jibenter.*

Ich helfe mir so und leg das Gemisch
aus Brief und Ideen auf den Tisch.
Von Zeit zu Zeit kommt mir dann das Gefühl,
dass mich etwas anspricht in dem Gewühl.

Das wird dann aber auch wirklich vollwertig
geschrieben, erledigt und ist erst mal fertig.
Auf diese Weise schreibe ich Post
und genieße die Antwort als lohnende Kost.

Wer mir mal schreibt, bekommt auf gleichem Pegel
ne Antwort, fast immer und in der Regel.
Ganz selten lass ich das mal bleiben.
Da wusste ich auch nicht, was sollte ich schreiben.

Und übrigens anrufen, das geht noch schneller,
ist billiger und irgendwie auch reeller,
weil der oder die andere was sagt,
egal, wie alt und auch wie betagt.

Die Flatrate und Mails machen Briefpost kaputt.
Vielleicht landen Briefe sogar mal im Schutt?
Doch nein, liebe Leser, ich sag euch verschmitzt:
„Denn nur, was man schwarz auf weiß besitzt,
das muss ich zum Schluss noch mal deutlich sagen,
kannst du getrost auch nach Hause tragen!“

Bürgermeister

Kommt der Bürgermeister an,
freut sich meistens jedermann.
Noch dazu, wenn er schön lacht,
dann wird Schönes nur gemacht.

Gratuliert er noch zu einem Feste,
wünscht ei'm Gutes und das Beste,
bleibt nur eins, fest ohne Wanken,
ihm dafür wirklich herzlich danken.

Chor

Ein Chor ist eine gute Sache,
man hört den Klang ums mannigfache.
Allein zu singen ist schon schön.
Man kann's in Badewannen seh'n
und unter Duschen rauschend hören.
Doch werden sich halt oft empören
kunstfremde Nachbarn mit dünnen Wänden,
weil sie dies nicht so schön empfänden.

Und überhaupt, zusammen mit vielen,
dient Singen doch viel höher'n Zielen.
„Hollodrio" ist's nicht allein,
es darf ja auch mal Klassik sein.
Erste Falten im Gesicht
Stör'n beim Gefang'nenchor ja nicht.
Jedoch zählt Ernst beim „Frühlingserwachen"
nicht unbedingt zu heitern Sachen.
Zur Optik hat halt auch Gewicht
ein freundlich lächelndes Gesicht.

Viel Einsatz und dann Energie
gehör'n zu einer Sinfonie,
wie „hey Barbariba,
kumm doch mol riewa!"

Von andern Chören kann man lernen,
besonders von alten Chorsingsternen.
Ist den' mal der Text entfallen,
könn' sie leise „babab" lallen.
Die Hauptsach' ist, man lächelt schön
und auch der Ausschnitt ist zu seh'n.

Singt schön weiter und freut Euch des Lebens,
sonst ist die Singerei vergebens!

Das Gesicht

Es war einmal ein Gesicht. Und weil es ein Gehirn hatte, konnte es auch reden.

Also sprach es so vor sich hin: „Ich bin jung und ganz hübsch. Deswegen bin ich auch ganz zufrieden mit meinem Aussehen. So möchte ich eigentlich mal alt werden. Aber hässlicher, so verknittert wie andere alte Gesichter, will ich nicht werden."

Da kam eine Märchenfee und weil Feen immer etwas Gutes tun, erfüllte sie dem Gesicht seinen Wunsch. Es wurde zwar älter, aber nicht schrumpelig.

Damit hat das Gesicht nun im Bekanntenkreis mächtig angegeben.

„Sehe ich nicht gut aus? Was meint ihr?"

Und weil es auch gut aussah, gab es keinen Widerspruch in der Runde.

Ein paar Tage später ging aber das eitle Gehabe den anderen allmählich auf den Geist: „Das blöde Gesicht! Das Gerede kann man schon gar nicht mehr immer sehen und hören!"

Und noch etwas veränderte sich bald in den Gesprächen mit den Freunden und Freundinnen. Die unterhielten sich nämlich stundenlang über Cremes und Kosmetika, die die Haut schön und jung machen. Das war ja nun für das nicht alternde Gesicht völlig uninteressant. Es war jung und blieb jung und brauchte keine Cremes.

Es kam noch schlimmer. Das Gesicht hörte solche Bemerkungen, wie: „Mit dem kann man sich ja gar nicht über Alltagsprobleme unterhalten. Das spinnt doch ein bisschen!"

Und während die Gesichter der Freunde allmählich reifer und dann auch ein bisschen älter wurden, konnte jeder den

Unterschied sehen: Die Freunde wurden älter und sahen auch älter aus. Aber unser Gesicht wurde zwar auch älter, sah aber immer noch wie einganz junges aus.

Und während andere junge Gesichter gickserten und gackserten, fand das ewig junge Gesicht das ganze Gehabe der jungen Gesichter überhaupt nicht lustig, weil es doch innen inzwischen auch älter geworden war.

Es dauerte gar nicht mehr so lange und das ewig junge Gesicht isolierte sich immer mehr von den anderen. Es wurde unglücklich. Und abends betete es im Bett darum, ob die Fee nicht noch einmal kommen und alles wieder so machen könne, wie es von alleine gehen würde.

Und was meint ihr wohl, wie das Märchen weitergeht? Na klar, die Fee kam eines Tages, als das Gesicht das Kopfkissen schon ganz nass geweint hatte. Und wie ihr ja wisst, machen gute Feen immer nur Gutes. Also hat die Fee dem künstlichen jungen Gesicht jetzt das richtige Aussehen gegeben.

Das war zwar am Anfang noch ein bisschen ungewohnt, aber jetzt konnte es auch mit Schönheitscremes ein bisschen nachhelfen und von den Freunden in ausgiebigen Gesprächen viele gute Tipps dafür erfahren. Ach so, die Fee erzählte ihm noch, dass sie schon einmal vor langer Zeit einem Dorian Gray auch ein junges Gesicht geschenkt hätte, und das wäre auch nicht so gut gelaufen. Deshalb habe sie beschlossen, keine neuen Gesichter mehr zu verschenken. Aber wer richtig lieb an sie denken würde, dem könnte sie auch heute noch schöne Geschenke machen. Man muss sich nur kräftig genug etwas Schönes wünschen.

Das Meer

Das Meer, - - das Meer, - -.
Hört ihr sein Rauschen, immer mehr?
Wo gehst Du hin? Wo kommst Du her?
Ohne Anfang, ohne Ende, ohne Wiederkehr.

Unendlich bist Du, großes Meer.
Du bist gewaltig, riesig, hehr.
Mal bist Du still, oft menschenleer.
Mal toben Wetter, laut und schwer.

Du gabst uns einst ein Stück des Lebens.
Das war der Anfang unsres Strebens,
Dich zu erkennen und zu verstehen.
Doch wir? Wir werden untergehen.

Unser Menschentun ist endlich,
an Dir gemessen. kümmerlich.
Manch Leben, schön und kunterbunt,
endete bei Dir, auf Deinem Grund.

Wie viele Schiffe sind versunken,
wie viel Leben ist ertrunken?
Uns're Gedanken weilen öfter dort,
an diesem stillen, tiefen Ort.

Wo große Schiffe ruhig liegen
nach Seenot oder schlimmen Kriegen.
Vielleicht weht noch die Flagge oben,
doch wird das Schiff nie mehr gehoben.

Du hast nun Besitz genommen.
Davon gibt es kein Entkommen.
Uns bleibt nur Erinnerung,
Trauer und Erschütterung

Das Sterben

Als ich 85 Jahre alt war, hatte ich die Idee: Ich werde 100. Und für die vielen Krankheiten hatte ich eine wirklich gut praktikable Idcc parat: Das sind nur Zwischenphasen, die musst du nur überstehen.

So gesehen rückte der Tod auch nur in eine noch zu erlebende Zwischenphase, was mich aber nicht daran hinderte, darüber ab und zu nachzudenken. Wie mag das sein, wenn man das Leben aufgibt und zum Beispiel verbrannt wird. Weh tut das sicher nicht mehr. Aber mysteriös ist es schon, wenn fast alle Moleküle sich umwandeln in Wasser, Kohlendioxid und Kalk neben kleinen Mengen an Schwefeldioxid und Stickstoffdioxid. Verschwunden ist nix. Nur die Moleküle sind anders als bisher. Und wenn ich im Garten in der Erde buddele, stammt vielleicht das eine oder andere Erdkrümel vom Urmenschen ab – oder von Adam und Eva. Die haben sich ja auch nicht in nichts aufgelöst. Irgendwie sind die auch noch da. Aber eben anders als früher. Ist aber doch beruhigend, dass die Erde nix verliert.

Das Rennen

Ein Auto und ‘ne Straßenbahn,
die fangen ein kleines Rennen an.
Das Auto fährt gleich vor die Bahn
und denkt, dass sie nicht überholen kann.
Die Straßenbahn fährt es zum Schutt.
Das Auto ist nun leider kaputt.
Die reparierte Straßenbahn
fährt heute noch hier neben an.
Die Straßenbahnfahrerin denkt leise:
Strabas sind gut und Autos sind scheise.

Das Testament

„Testament, Testament! – Lass mich doch mit deinem Testament in Ruhe!“, brummte Josef zu seiner Frau Anne gerichtet missmutig hinter seiner Sportzeitung.

„Was heißt denn hier ‚dein Testament’?“, entgegnete ihrerseits Anne. „Es geht um *‚dein* Testament’! Du willst doch einen Fallschirmsprung machen, oder nicht? In deinem Alter, so ein Quatsch! Wem willst du denn was beweisen? Dass du ein mutiger Kerl bist? Und dass du das noch kannst? Lieber Sepp, das musst du weiß Gott nicht. Du hast in deinem Leben genug schwierige Situationen mutig und standhaft gelöst. Also lass doch den Unfug mit dem Fallschirmsprung sein, mh!“

Endlich nahm Sepp die Zeitung weg, was ihm sichtlich schwer fiel, denn der Artikel über die Probleme, die der FCK zu lösen hatte, nicht nur die finanziellen, sondern noch etliche andere, war ihm so recht aus dem Herzen geschrieben.

„Ich möchte den Fallschirmsprung machen, Punkt. Zweitens springe ich nicht allein, sondern hänge unter einem Profi und der regelt alles. Und drittens ist es nicht gefährlich, weil es eben ein Profi mit was weiß ich wie vielen Sprüngen ist. Da brauch ich kein Testament. Und viertens: Auch bei keinem Testament gilt im Todesfall für alle die sogenannte gesetzliche Erbenfolge. Danach geht alles an die Ehefrau und die Kinder. Was willst du denn noch mehr?“ Mit sich zufrieden ob seiner schönen Rede verschwand Sepp wieder hinter seiner Zeitung und hatte nun wieder nur noch den FCK im Kopf.

Anne winkte wortlos ab, denn sie wusste um die Sturheit ihres langjährigen Ehemannes. Damit war für heute die Diskussion beendet.

Zwei Tage später erreichte die beiden eine furchtbare Nachricht. Sepp brachte kein Wort mehr heraus und Anne fing sofort an zu weinen und war danach stundenlang nicht zu sprechen. Der Brief enthielt, in einer furchtbaren deutschen Sprache, die amtliche Mitteilung, dass ihr Sohn mit gesamter Familie bei einem Rundflug im Urlaub abgestürzt war und alle tot seien. Sie waren in Brasilien gewesen und hatten einen Hubschrauberrundflug über die Iguazu-Wasserfälle gebucht. Aber die Maschine stürzte aus bisher noch unbekannten Gründen ab und zerschellte an den Felsen des Wasserfalles. Alle Insassen starben oder ertranken, auch der Pilot.

Das schlechte Deutsch kam durch die Übersetzung aus dem Portugiesischen, der Landessprache in Brasilien.

Die nächsten Wochen veränderten das Leben von Sepp und Anne nachhaltig. Es gibt kein schlimmeres Unglück für Eltern, als ihr Kind zu verlieren.

Tausend neue Dinge mussten die beiden alten Herrschaften nun erledigen. Sogar ein Flug nach Brasilien war erforderlich. Was da alles beschafft, geklärt und geregelt werden musste, Wahnsinn! Geburtsurkunden des Sohnes, der Schwiegertochter, der Enkel mussten beschafft werden, seitenweise Angaben für Versicherungen, aufwendige Vermögenszusammenstellungen mit Belegen und, und, und ... Ja, und dazu immer wieder das Theater mit den Übersetzungen ins Portugiesische! Der portugiesische Totenschein wurde von den deutschen Bestattungsfirmen nicht akzeptiert. Da musste ein amtlich geprüfter und zugelassener Dolmetscher gesucht werden.

Und zuallerletzt musste das deutsche Nachlassgericht erst mit dem ganzen Haufen Papier prüfen, ob sie wirklich die Erben waren. Nach ganzen acht Monaten erhielten sie dann einen Erbschein, in dem stand, dass sie, Sepp und Anne, alles zu je 50% erben würden. Die Enkel bekamen nichts, weil sie keine leiblichen Kinder waren, sondern nur angenommene, aber die Adoption war noch nicht erfolgt. Außerdem waren die ja auch tot. – Ihr Sohn hatte noch kein Testament geschrieben.

Der Termin für den Fallschirmflug fiel übrigens gerade in die Zeit, in der sie in Brasilien waren. Der Sprung fiel also aus. Keine Frage, Anne war froh drum.

Ein Jahr nach dem Tod ihres Sohnes und seiner Familie kehrte allmählich wieder etwas mehr Ruhe bei den beiden ein. Und wie immer es auch kam, plötzlich entsannen sie sich bei dem Wort Testament wieder ihrer alten Diskussion.

Sepp und Anne blickten sich wortlos an und jeder erinnerte sich an die Gespräche vor einem Jahr. Ohne Pathos meinte Sepp zu seiner Frau: „Gib mir mal unser Telefonbuch her. Ich rufe jetzt Otto in Mannheim an, der Düppelschieter mit seinen ganzen Versicherungen. Der hat bestimmt ein Testament gemacht. Mal sehen, bei wem er damit war. Wenn er dort zufrieden war, können wir das auch so machen. Einverstanden?“

„Okay!“, kam eine klare Frauenstimme zurück.

Das Testament war nach einem halben Jahr fertig. Und Sepp und Anne waren es auch.

Das Vogelhaus

Da erfuhr ich von meiner Lebenskameradin, dass sie ein neues Häuschen zum Füttern von Vögeln kaufen wollte. Ich war davon so begeistert, dass ich auch das Gleiche haben wollte. Es war eine durchsichtige Doppelwandkugel mit Vogelfutter im Zwischenraum. Das hatte ein Amerikaner erfunden und der wurde dafür prämiert. Also hopp, da sollen sich doch gleich in zwei deutschen Gärten die Vögel über etwas Schönes freuen.

Nach ein paar Tagen kam ein riesiger Karton mit dem Wundergerät. Auf seinem Bild waren gleich zwei lustige Meisen drin zu sehen. Es konnte gar nicht schnell genug gehen, bis die beiden Wundermaschinen hingen. Aber kein Vogel flog rein. Hatten wir etwas verkehrt gemacht? Da war doch noch in klein geschriebenem Text so ein Hinweis, dass die Vögel alle einige Zeit brauchen, bis sie ein neues Haus annehmen würden aha, also mussten wir noch Geduld haben. Wie lange noch? Einen Tag oder eine Woche? Sie glauben gar nicht, wie viele Mal Sie das Häuschen im Garten suchen! Nach zwei Wochen war noch kein Vogel drin.

Gab's denn etwas, wie man die Vögel locken könnte? Ich wusste nix und meine Lebenspartnerin auch nicht. Im März hatten wir die preisgekrönten Gebilde aufgehängt. Wenn sich jemals ein Vogel da rein wagt, schreibe ich den zweiten Teil der Geschichte. Im Moment warte ich, während der Erfinder Millionär wird.

Das Vogelhaus, zweiter Teil

Die Zeit ist um, der erste Vogel drin.
Jetzt macht alles einen Sinn.
Aber zwei Monate sind doch ellenlang,
bis es dem ersten Vogel gelang,
in unser neues Haus zu schlüpfen
und mit Hungerstillung zu verknüpfen.
Wir wünschen immer guten Appetit,
wenn der Vogelmagen meldet Defizit.

De Moler komme

Moi Fra, die hot als so Idee,
un ich, ich konn net widerschtehe.
Die ledschde vun den scheene Posse
war die, es Haus zu schdreiche losse.

Ich ruf de Moler a, Schwupp-Schwupp
naht dodruff glei de Moler-Trupp.
De Meeschder klä un schlau, mit Brill;
de Middelschd jung un schä, net schdill,
de Grögschd, des wor de Lehrlingsbu,
schä jung un groß mit Rieseschuh.

Die henn gemolert, de ganze Schar,
schä weiß des Haus, ganz wunnerbar.
Doch moine Fra, de Ilsebill,
will effter annersch als ich will.
Was will se dann, moi klä Alraun?
Mer mole noch de ganze Zaun?!

Oh Gott, denk ich, des is ä Plaach
un dauert sicher glei paar Daach.
Doch hurtich fang die o zu schaffe.
Moi Widerschtand duht ball erschlaffe.

Doch des warnet des End. Ehr Leit!
De Moler sinn noch do bis heit!
Mer henn Gelänner, Deer gefunne,
un Ecke vorne, hinne, unne.

Jetzt isses nei des ganze Haus,
bloß ich seh immer älter aus.
Ich hock verdorzelt noch im Garde
un du jetzt uff de Rechnung warde.

Nichtsdestotrotz, die Leit warn gut,
warn fleißich un henn nie geruht.
Herr Seih is halt de Beschd vun alle.
Was der molt, muss dr äfach gfalle.
Pascal schafft gut, is immer frehlich
un Jens soi Erwet aach ansehnlich.
Grießt Eiern Chef, mer henn beschlosse,
siss alles okee, mer kennens so losse!

Demenz

Hat jemand Demenz und hört schlecht,
gibt's abends Aufregung in echt.
Die Hörgeräte sind oft weg
und nicht im Ohr, an ihrem Fleck.

Die Frage ***Wo?*** ist ohne Nutzen.
Da kannst du lieber Fenster putzen.
Demente vergessen, was sie taten.
Jetzt heißt es suchen und erraten.

Im Bad, wo nachts sie meistens liegen,
da sind sie nicht, als ich's erstiegen.
Unterm Sofa, leicht verstaubt?
Alles leer, wie ausgeraubt.

In der Küche und im Flur?
Kein Gerät und keine Spur.
Sie liegen, da sie beide weg,
sicher gemeinsam an ei'm Fleck.

Erfahrung sagt mir dann: Verschnaufen!
Keine Hektik, erst ein' saufen!
Nee, nee, das macht man lieber nicht,
weil sonst man sich noch Knochen bricht!

Danach geht's in die zweite Runde
zum Suchen in der Abendstunde.
Und siehe da, man findet Sachen,
die, lang vermisst, jetzt Freude machen.

Und beim Vorbeigeh'n an den Blumen,
seh' ich, wie harmlos kleine Krumen,
die gesuchten Hörgeräte.
Ich freue mich, trotzdem's schon späte.

Der Verlierer setzt sie morgen
wieder ein, ganz ohne Sorgen.
Er hat kein Grund zum Fluchen,
weil er vergessen hat das Suchen.

Drum lernt Ihr Menschen schon beizeiten,
Geduld zu haben ohne leiden.
Die Krankheiten ha'm alle Macken.
Beim einen tun Gelenke knacken.

Der andre hustet nachts wie toll,
und mancher macht die Hosen voll!
Als Regel gilt: nicht zu penibel!
Freundlich bleiben und flexibel!

Demenz-Kurzfassung

Demenz ist ein großer Mist,
wenn du selbst betroffen bist.
Ansonsten ist dir's schnurz egal,
weil du vergisst es allemal.

Der Anstaltsfimmel

Der Anstaltsfimmel war ein netter Mann,
der gerne Frauen leiden kann.
Er war sehr höflich zu ihnen allen
und das hat allen sehr gefallen.
Er streichelte gern ganz viele Frauen,
worauf sie ihn mögen und auf ihn bauen.
Egal, was er macht, sie blickten ihm zu,
und er blickt zurück und war gleich per-Du.
So drückelt und busselte er sich durchs Land
und hat liebe Blicke und Drückerle versandt.

Ich kannte ihn gut, den alten Schlawiner.
Ich war es doch selbst als Frauenbediener.

Der Arztbesuch

Letzten Donnerstag war ich beim Arzt, beim Internisten. Ich hatte zum wiederholten Male Kopfschmerzen, einen nicht ganz auskurierten Schnupfen, und vor allem hatte ich die Schnauze voll von meiner Arbeit im Büro. Diese Scheißkerle und die blöden Weiber noch dazu! Frust, Mobbing, Nervenkrieg, da war einfach alles dabei. Seit Jahren habe ich mich nie wegen Unwohlsein krank schreiben lassen, aber am letzten Donnerstag, wie schon gesagt, da reichte es mir.

Also saß ich da nun in einem Warteraum kurz nach 8 Uhr und hatte mich auf eine ruhige Wartezeit eingestellt. Vielleicht noch ein paar Fakten für den Arzt durch den Kopf gehen lassen, vielleicht auch mal in den Zeitschriften blättern.

Aber es kam anders. Die Bude war nämlich schon voller Leute. So etwa zehn mögen es gewesen sein. Links neben mir saß ein junger Mann, rechts eine alte Frau. Apropos „alt“, was ist „alt“? Für mich ist das seit Jahren schon immer ganz einfach: Jung sind alle Menschen, die jünger als ich sind, und alt sind alle Leute, die älter als ich sind. Vielleicht auch noch ein paar Gleichaltrige dazu, die älter aussehen oder deren Auffassungen ziemlich antiquiert sind.

Zu meiner Linken saß der junge Mann, vielleicht runde 20 Jahre alt. Er hatte den rechten Arm verbunden in einer Schlinge. Eigentlich wäre das doch mehr etwas für einen praktischen Arzt oder Chirurgen oder so was. Ich konnte mir es nicht verkneifen und fragte ihn, weshalb er denn hier wäre.

„Ich habe Leukämie und hole mir die letzten Blutwerte ab.“

‚Ja, und der Arm?“, fragte ich ziemlich betroffen zurück, denn damit hatte ich nun wirklich nicht gerechnet. Es sollte harmlos und normal wirken, aber es gelang mir nicht so gut. Überhaupt fiel mir jetzt erst auf, dass er doch ziemlich blass aussah. Genau genommen, ein Bild eines kranken jungen

Mannes. „Ich habe auch Knochenkrebs, und der rechte Oberarm musste vor einem Vierteljahr operiert werden. Trotz Bestrahlung und Chemotherapie muss ich vielleicht noch mal operiert werden."

„Oh Gott", entfuhr es mir spontan, „da sind Sie ja wirklich nicht gerade gut dran."

Er erzählte mit weiter, dass er schon drei Jahre Knochenkrebs hatte und dass dabei erst die Leukämie festgestellt worden sei. Für ihn sei es wichtig, dass er bald einen passenden Knochenmarkspender fände, weil das wahrscheinlich seine einzige langfristige Chance zum Überleben sei. Die Einschränkung mit dem rechten Arm sei zwar schlimm, da er nicht mehr schreiben könne, bzw. noch nicht sehr gut mit der linken Hand schreibe, aber letzten Endes sei das für ihn sekundär. Wenn er die nächsten fünf Jahre überleben wolle, müsse er eine Knochenmarksübertragung bekommen, sonst sei sein Leben zu Ende.

Ich war einigermaßen aus der Fassung gebracht über so viel Elend. Aber es gab es, und es saß direkt neben mir.

Er erzählte weiter, dass er vor kurzem das Abi gemacht hätte. Das sei auch ganz gut gelaufen. Aber wiederum nicht so gut, dass er sich zu einem Studium animiert fühlte. Er würde gerne einen kaufmännischen Beruf erlernen. Von der Bundeswehr sei er freigestellt, aber bisher habe er noch nicht einmal eine Lehrstelle gefunden, weil ihm kein Arbeitgeber mit so haarigen Krankheiten einen Lehrvertrag geben wolle. So pendelte er nun zwischen Arztbesuchen und daheim hin und her, und das Abi in der Tasche nützte ihm genau nichts.

Ich war fix und fertig bloß vom Zuhören. Was sollte oder was konnte man dem armen Teufel zum Troste sagen oder raten? Ich weiß es bis heute nicht. Wer in so jungen Jahren von so schweren Krankheiten getroffen wird, muss schon seelisch sehr stabil sein, um nicht aus der Bahn zu kippen.

Große Güte!

Während ich ihm noch kopfschüttelnd und betroffen nachsah, als er ins Sprechzimmer ging, wanderte mein Blick nach rechts und fiel auf die kleine, freundlich dreinblickende, alte Frau. „Sie sind noch vor mir dran, nicht wahr?“, eröffnete ich voller Hoffnung auf ein weniger bedrückendes Gespräch die Unterhaltung.

„Ja, ja“, sagte sie mit einem milden Lächeln. „Aber wenn Sie es eilig haben, lasse ich Sie gern vor mir rein.“

„Nein, nein, das ist nicht nötig“, entgegnete ich schnell. Wo gibt’s denn heute noch so was in unserer Leistungsgesellschaft, dass jemand freiwillig ohne Vorteil für sich eine errungene Position aufgibt? Ich glaube, ich bin ein bisschen rot geworden, als ich antwortete, denn es war mir richtig peinlich, dass jemand meinetwegen länger warten wollte, und noch dazu eine ältere Frau. Sie erzählte, dass sie seit zwei Jahren Blutdruck-Probleme habe. Meistens sei er zu hoch, aber manchmal auch zu tief, und deswegen brauche sie ein neues Medikament, was möglichst beides kann: bei Bedarf den Druck erhöhen und bei Bedarf senken.

„Gibt es so etwas überhaupt“, fragte ich etwas ungläubig.

„Ja,ja, ich glaube schon. Ich lasse mich überraschen, ob der Arzt mir helfen kann.“ Das klang nicht verbittert, sondern geduldig, bescheiden, ja, fast demütig. Ich erfuhr in den nächsten Minuten auch, woher diese Haltung meiner Nachbarin kam. Sie hatte ihren Ehemann und ihr einziges Kind vor zwei Jahren durch einen Verkehrsunfall verloren. Auf der einen Seite war sie froh und dankbar, dass sie einigermaßen gesund lebte, auf der anderen Seite hatte ihr der Tod ihrer beiden liebsten Familienmitglieder doch schwer zugesetzt, sodass sie nun mit Blutdruck- und Kreislaufproblemen zu tun hatte. Aber eines war offenkundig: Diese Frau hatte ihren Seelenfrieden wieder gewonnen. Ich weiß natürlich nicht, was für ein Mensch sie früher war, aber ihre sichtbare innere Zufriedenheit war beneidenswert. Sie habe zwar keine große Rente, aber zum Leben reiche es ihr allemal, denn sie bekomme ja noch eine Witwenrente von ihrem Mann. Sie half halbe Tage immer mal in einem Kindergarten um die Ecke aus. Da bekam sie zwar kein Geld für, aber jeder freute sich über ihre Arbeit. „Ist das nicht ein hervorragender Lohn?" Außerdem machten ihr die kleinen Geister, die sie auch ab und zu mit betreute, sehr große Freude. „Wenn da so ein kleiner Purzel stolz fragt: ‚Guck mal, Tante, das hab ich gemacht, ist das schön?', da freue ich mich riesig drüber. Das würde Ihnen auch so gehen, glauben Se?"

Wir mussten unsere Unterhaltung abbrechen, denn sie war dran.

Beide Krankengeschichten gingen mir durch den Kopf und ich resümierte:

Ich hatte keine Leukämie, ich hatte keinen Arm in der Schlinge, ich hatte keine Familienmitglieder verloren. Ich hatte eine einigermaßen intakte Familie, ich hatte einen Arbeitsplatz und hatte Kopfschmerzen. Moment mal, im Moment hatte ich gar keine mehr. Sie waren weg. Vorführeffekt, oder?

Und das Mobbing-Theater, ob ich doch noch mal den Schwamm drüber wischen kann und großzügig verzeihe? Angesichts meiner beiden ehemaligen Nachbarn erschienen mir doch meine Probleme viel kleiner. Der Arzt konnte sie mir ja auch nicht wegnehmen. Ich muss da selbst durch. Noch ein paar Minuten war ich am grübeln, dann aber stand ich auf und ging zur Aufnahme. „Sie können meine Karteikarte wieder weglegen. Mein Problem hat sich erledigt."

Ich kenne mich mit Heiligenscheinen nicht so genau aus, aber ich bin sicher, dass ich beim Nachhauseweg einen kleinen hatte. In der Firma habe ich gegen 9 Uhr angerufen, dass es mir heute Morgen nicht gut ging, aber ich würde morgen wieder zur Arbeit kommen. Laut Betriebsvereinbarung brauche ich für einen Tag noch keinen Krankenschein vorzuweisen. Und wenn mir jemand für einen Tag den Lohn abziehen würde, überlebe ich das auch, denn noch immer habe ich keine Leukämie, habe keinen Arm in der Schlinge und habe noch alle Familienmitglieder. Und das kann nicht jeder von sich sagen, mh.

Der Ein-und-Alles

Der Ein-und-Alles fraß gerade alles.
„Das schmeckt nicht mehr nach Gummi des Balles.
Das war ja ich. Das will ich nicht.
Vom eignen Leib macht immer Gicht.“
Er tauft sich um: Heißt Ein-und-Vieles.
Er lebt glücklich dank geänderten Zieles.

Der Frauensucher

Es war einmal ..., so fängt ein schönes Märchen an. Und so fängt auch dieses Märchen an.

Es war einmal ein Mann, der hatte nach einem schönen und interessanten Leben seine Frau verloren. Obwohl er schon alt war, fühlte er sich doch noch so am Weiterleben interessiert, dass er eine Suchanzeige für eine neue Frau aufgab.

Es meldeten sich drei Interessentinnen. Ich nenne sie mal vereinfacht die Sportliche, die Berufliche und die Geduldige.

Die Sportliche eine große, schöne und gepflegte, etwas ältere Frau mit tadelloser Figur war früher erfolgreiche Turnerin und konnte trotz ihres Alters auch heute noch viele sportliche Übungen. Sie machte ihm viele Vorschläge, um auch möglichst fit zu bleiben. Die Berufliche war mittelgroß und hatte wie er auch Chemie studiert und veröffentlichte auch heute noch ihre aktuellen Arbeiten. Es war sehr interessant, mit ihr neue Forschungsrichtungen in der Chemie zu diskutieren.

Diese ersten beiden waren offenbar noch beide interessiert daran, möglichst jung zu erscheinen. Und sie wollten wohl, dass er auch sich so jung geben sollte wie möglich.

Die Geduldige war eine kleine, alte, liebe Frau, die ihm mit einem feinen Lächeln auffiel. Sie betonte, dass die Geduld ihre wichtigste Eigenschaft sei. Und sie sagte, wenn er mal ausginge und zurückkäme, dass sie sich mit Liebe und Geduld für alles interessieren würde, was er ihr erzählen würde.

Alle drei Frauen hatten etwas Schönes zu bieten. Aber der alleinstehende Frauensucher kam zu einer guten Lösung seines Wunsches.

Er entschied sich für die Geduldige, weil er zu Recht eine Frau mit viel Verständnis für andere Menschen erwarten konnte.

Sie blieben zusammen und wenn sie nicht gestorben sind, leben sie heute noch. Und wo? Das bleibt mein Geheimnis! Aber da es ein deutsches Märchen ist, leben die beiden in einer deutschen Großstadt.

Nachwort

Nach Jahren glücklichen Zusammenlebens fragte einmal die geduldige Partnerin ihren Lebenspartner, warum er damals die anderen beiden Frauen nicht als Partnerin auswählte. Und der damalige Frauensucher beantwortete die vertrauliche Frage offen und gern.

„Weißt du, die Sportliche wollte sicher weiter viel mit Sport zu tun haben. Ich aber nicht. Sie hätte mich sicher oft genötigt, sportliche Übungen zu machen, und hätte mit allen Sportlern mitgelitten, wenn sie einen vierten Platz bekommen hätten. Die Berufliche war mir noch zu sehr Chemikerin. Ich bin und will das nicht mehr sein. Meine naturwissenschaftliche Zeit ist vorüber. Ich interessiere mich mehr für geistige Beziehungen zwischen den Menschen. Ich denke zwar auch heute noch naturwissenschaftlich, logisch, aber richtig wohl fühle ich mich erst bei lieben Menschen wie bei dir. Du bist die richtige für mich.“

Der Gaststättenberater

„Hallo, meine sehr verehrten Damen und Herren! Als Erstes darf ich mich Ihnen vorstellen. Mein Name ist Luitpold von und zu Meinerzhagen, ich bin CDU-Mitglied und Gaststättenberater. Ich freue mich, dass Sie heute hier erschienen sind und sich einmal für die Zukunft der Gaststätten in unserem lande interessieren.

Ich fange mal mit der Arbeitszeit an. Wie Sie ja alle wissen, sind heute noch die meisten Gaststätten an sechs Tagen in der Woche geöffnet. Aber Sie wissen auch, dass es der allgemeine Trend aller Arbeitnehmer ist, so wenig wie möglich in der beruflichen Arbeitszeit zu verbringen. Demzufolge ist es auch selbstverständlich, dass die in Gaststätten Beschäftigten auf den zweiten freien Wochentag bestehen. Dies kann in Zukunft der Dienstag oder Mittwoch sein. Der Mittwoch hätte den Vorteil der Gleichbehandlung aller Arbeitnehmer. Denn seien wir doch mal ehrlich: Wie oft steht man vor Läden, die schon heute mittwochs geschlossen sind? Also, wir von der Arbeitgeberberatung empfehlen, mittwochs als zweiten Tag zu schließen.

Das entspricht dann noch der 5-Tage-Beschäftigung pro Woche. Aber alle statistischen Kurven der Meinungsumfragen steuern auf eine 4-Tage- Beschäftigung hin. In der Industrie wird die 2+2-Regelung angesteuert; danach wird montags und dienstags sowie donnerstags und freitags gearbeitet. Samstag, Sonntag und Mittwoch sind arbeitsfrei und dienen, auch wenn das umstritten ist, der Erholung. Oder der Orientierung nach einem zweiten Job!

Ich werde dann oft gefragt, wie die Gaststätten diese kommenden Regelungen finanziell überstehen können. Nun, wir empfehlen dann schon seit einiger Zeit die Catering-Erweiterung, also verpackte Verpflegung, im Volksmund

Fresspakete, mit ins Angebot aufzunehmen.

Sonntagabend können sich dann die interessierten Bürger Pakete unterschiedlichster Art für Montag bis Mittwoch mitnehmen.

Cold food, Heat up food, Picknick im traditionellen Weidekorb usw. Die Palette kann dann noch erweitert werden in Drinkless oder With drinks und Vegetable food. Fangen Sie bloß nicht mit deutschen Namen an, wie z.B. Handkäs mit Musik im Naturfreundehaus. Da kommen Sie nie zu einem akzeptablen Einkommen!

Dass für diesen Catering Service kein Bedienungspersonal und kein Abwasch mehr erforderlich ist, hilft selbstverständlich, die Selbstkosten zu senken.

Besondere Feiern können eventuell noch auf Montag bis Mittwoch gelegt werden. Allerdings bestehen die Gewerkschaften darauf, dass dies bei ihnen beantragt und genehmigt oder abgelehnt werden muss, weil dies im Prinzip als Verstoß gegen das neue Öffnungszeiten-Gesetz gewertet werden kann.

Ein gewisser Finanzausgleich ist auch durch die neuen Getränke möglich, weil die empfohlenen Starkbiere alle mindestens 12 % Alkohol enthalten sollen und natürlich auch teurer sind. Ganz neu ist der Starkwein mit 15 % Alkohol, schmeckt übrigens nicht schlecht. Haben wir grade mal ein paar Proben davon hier? Nein? Schade. Die Winzer stehen dem Starkwein sehr positiv gegenüber, weil sie mehr Alkohol pro Flasche verkaufen können und sich einen besonderen Gewinn erwarten. – Übrigens auch global, denn das scheint bis jetzt eine rein deutsche Idee zu sein.

Hatte ich schon erwähnt, dass Schwerbehinderte in Selbstbedienungsgaststätten nun doch bedient werden können (AZ 12714 beim OLG Hamm). Habe ich noch was vergessen? – Ach so, Gaststättenberater dürfen zwar unbezahlte Menus annehmen, aber sie neuerdings nicht mehr zusätzlich in den Spesenabrechnungen aufführen.

Tja, dann bedanke ich mich für Ihre werte Aufmerksamkeit. Zum Schluss sollten wir vielleicht alle noch einen zur Brust nehmen, bevor die Neuregelungen in Kraft treten. Wie war das? Hatten Sie den Starkwein mal da? Nur so zum Probieren?“

Der graublaue Fleck im Fenster

Wenn ich ohne Brille zum Fenster hinschaue, sehe ich viel Grün mit ein paar unscharfen, kleinen, hellen, graublauen Flecken. Da geht es zum Himmel, den man wohl besonders dann in Gedanken sucht, wenn es einem nicht besonders gut geht. Ich habe einen starken Herzklappenfehler und liege im Krankenhaus. Das weiß ich erst seit wenigen Tagen, auch dass es bald operiert werden muss. Komisch, und nun denke ich an den Himmel. Ich habe noch nie gehört, dass es dort Herzkranke gäbe. Nur Gesunde. Das ist einfach eine sehr schöne und angenehme Wunschvorstellung. Ich denke, dass jeder sich so seine eigene Vorstellung vom Himmel macht. Es muss also ganz viele Himmel geben, oder vielleicht auch keinen? Im Moment ist mir das egal. Im Moment ist es für mich ein tröstender Gedanke. Weil ich Naturwissenschaftler bin, sieht mein Himmel, wenn ich gesund bin, sehr naturwissenschaftlich aus. In meinen Gedankenausflügen ist Gott eine komplexe Einheit voller Naturgesetze und einer großen Schachtel voller uns noch unbekannter Zusammenhänge. Was war vor dem Urknall? Was heißt „von Ewigkeit zu Ewigkeit"? Usw.

Aber zurück zu meinem verschwommenen Grün im Fenster. Es macht mir schon Freude, dass wir wissen wie der Baum das Wasser in die Höhe zu den Blättern bringt oder wie das Chlorophyll mit Licht, Kohlendioxid und Wasser Kohlehydrate aufbaut. Aber spätestens nach dreimal Warum gehen die ersten Unsicherheiten los. Tja, vielleicht ist das der Auftrag für uns Menschen, solche Fragen zu klären? Wer weiß? Wenn dem so ist, dann forscht mal schön! Ich bin zu alt dazu. Allerdings nicht zum Helfen und zum Dranfreuen.

Die graublauen Flecken im Fenster werden dunkler. Für heute Abend macht der Himmel Feierabend. Ciao!

Der Lichtermann

Da drüben wohnt der Lichtermann,
der morgens das Licht rauslässt, so, wie er kann.

Er hat's über Nacht behütet sehr gut
und lässt es jetzt frei mit frischen Mut.

Dann lässt er die Kühe aus seinem Stall
auf die große Wiese überall.

Und mittags kann die Sonne scheinen.
Da kann jeder lachen, es gibt nichts zum Weinen

Abends komm'n die Rinder zu ihm.
Er gibt ihnen Wasser zum Saufen hin.

Das Tageslicht aber sammelt er ein.
Das muss alles in sein Haus mit rein.

Dort wird's gründlich bewacht bis morgen.
Und da kann keiner von ihm etwas borgen.

Erst wenn er wieder munter ist,
und der Vogel die ersten Würmer frisst,

lässt er es raus und ist wieder frei.
Und dann wird's wieder helle, eins, zwei, drei!

Der Tagtraum

Mir war als gäng ich über Land und Flur
und freute mich einfach an der Natur.
Die Sonne umfloss mich am Kopf und am Arm.
Ich fühlte mich wohlig geborgen und warm.

Meine Seele schaute ein Stück aus ihr'm Haus
und streckte entspannt ihre Glieder aus.
Ich träumte schwimmend im Gelben Meer,
war glücklich und selig und freute mich sehr.

Da kam eine Fee und gab mir 'nen Klapps.
Ich erwachte und lag im blühenden Raps.

Der Traum

Ich sehe meine Zukunft: grau in grau
mit Unterbrechung, schau, schau, schau!
Das Grau ist noch dabei zu fließen.
Doch man sieht nichts, noch nicht mal Wiesen.

Doch da ein Loch wie rausgeschossen.
Da seh' ich Mädchen mit Sommersprossen,
mit Flossen vom Tauchen unterm Arm.
Mensch, und die lachen voller Charme.

Und hinten dran noch Wiesen und Wasser.
Doch eben wird das Bild schon blasser.

Deutsche Sprache, oje – oje!

Zuerst bin ich drüber gestolpert, dass „der Mann geht“ mit zwei n geschrieben wird, aber „man geht“ nur mit einem. Was soll der Unfug?

Dann habe ich, „alt“, mit „Gewalt“ die Fäuste „geballt“. Alles wird gleich gesprochen, aber zweimal mit einem l und einmal mit zwei l geschrieben. Was soll der Unfug?

Dann fiel mir gleich noch so was Ähnliches ein, dass das „Haar“ übers „Jahr“ noch besser „war“. Dreimal „ar“ und jedes Mal anders geschrieben. Was soll der Unfug?

Eine mir bekannte Grundschullehrerin hatte mal den Kindern empfohlen, bei Rechtschreibeunsicherheiten sollten sie das Wort langsam sprechen und in es hineinhören. Dann erführe man meistens, wie es geschrieben würde. Stimmt ja gar nicht, wie meine wenigen Beispiele schnell beweisen. Stimmt manchmal, aber oft auch nicht.

Für mich ist nachvollziehbar „Maat“ mit Doppel-a, „hat“ mit einem a und „satt“ mit Doppel-t. Aber „Aal“, „Wahl“, „Futteral“ haben drei Mal die gleiche Aussprache, aber drei verschiedene Schreibweisen. Ist doch Unfug!

Na und mit den Artikeln „der“, „die“, „das“, das ist auch so ein Blödsinn. Einer würde doch reichen, oder? Der Vater, der Mutter, der Kind. Wo ist das Problem? Es sind alles Menschen, „der“ Mensch. Auch die Mutter ist ein Mensch. Und das Kind zum Neutrum zu machen, grenzt doch glatt an Menschen, sprich Kinderverachtung. Das Kind ist entweder männlich oder weiblich, aber niemals sächlich. Das Wort kommt von Sache. Unsere Kinder sind keine Sachen, sondern Menschen! „Der“ Mensch!

Die Franzosen sagen zum Mond „die Mond“ und zur Sonne „der Sonne“. Alles Quatsch. Was wäre das so einfach, wenn wir alle „der Mond“ und „der Sonne“ sagen würden, fertig, ab! Bei Flüssen derselbe Unfug. Warum ist der Rhein ein Mann und die Donau eine Frau? Weg damit. „Der Rhein", „der Donau"!

Ach so, eines muss ich auch noch loswerden. Den Quatsch mit der Groß- und Kleinschreibung würde ich auch viel einfacher und sauberer regeln. Groß werden nur noch Satzanfang und Namen geschrieben. Alles andere klein, ruck zuck!

Also, zum Beispiel könnte ein Kindermärchen dann etwa folgendermaßen aussehen. Ich gebe Ihnen mal den kleinen Text zum Mitlesen.

Der Hännschen und der Rotkäppchen gingen in den wallt, wo kein echo hallt. Sie hatten einen korb mit wein und dubbeglas dabei. Weil Hännschen neugierig auf den weinsorte war, probierte er schon mal einen gläschen. Fröhlich geworden verirrten sie sich und kamen anstelle zur oma zum knusperhäuschen, wo der hexe gerade feuer machte. Der wind, der himmlische kind, rief: „Knusper, knusper knäuschen, warum knuspert ihr nicht am häuschen?" – „Der zuckergehallt macht hässliche Zähne und auch noch allt", rief Hännschen aufgeklärt zurück. „Bei uns hast du damit kein glück!"

„Hei", meinte Hännschen, „hier ist es schön warm." Und dem hexe mundete der riesling im dubbeglas. Hännschen überzeugte den hexe, dass der Kokelei mit Holz wegen $C0_2$ nicht so gut seie. Der hexe versprach darauf, sich einen Fotovoltaikanlage auf den dach zuzulegen. Deshalb endet der märchen hiermit auch ganz anders als erwartet.
Letzte Bemerkung zu den leidigen Kommas. Die werden in Zukunft nur da gesetzt, wo man beim Sprechen eine Pause macht. Ganz einfach. Fertig ab!

Und wie gefällt Ihnen das? Gut? Dann gründen wir sofort noch eine Partei zur Vereinfachung von Deutsch.

Dialektvariante

Dialekt hie un Dialekt her,
mich ärgert des äfach jedesmal sehr,
wann Germaniste-Besserwisser
alles bekritteln wie Dibbelschisser.

Lasst die Leit doch grad äfach redde!
Drufflosbabble gfallt dänne, jedi Wette!
Wichdich is bloß, mer muss es verschtehe.
Dann isses gut, dann lass mers so gehe.

Wann ähm im Bauch än Wind mol drickt,
un aus Darmstadtwerder geschickt,
is egal ob mer Bauchweh hawwen, henn, hann;
Hauptsach is, dass er ins Freie kann!

Owacht, ehr Kritiker! Seid liewer still:
Des Volk redd nämlich grad, wie es will!
Egal ob aus Altrip oder Neihoffe,
all Variante, die lass mer offe!

Dichten

Dichte hin und dichte her.
Dichten ist leicht und gar nicht schwer.
Lustig und fröhlich muss es sein.
Ist es traurig, liest es kein Schwein.

Dichten

Dichten – ist Gewichten.
Werten. Verehren.
Mit schönem Reim, ja.
Kein blöder Schleim, nein.
Das ist ein Gedicht.
Mehr nicht.

Dichterleben

Einer der beiden Neuhof'ner Dichter
ist noch nicht beim Hohen Richter.
Der keucht und fleucht im Ort noch rum
und redet mit Leuten mal schlau und mal dumm.
Ohne Theater und anderm Gewese
gilt aber bei Zahnärztinnen folgende These:

Bei guten Zähnen und gutem Essen
kannst du's Sterben erst mal vergessen.

Diese Erkenntnis kam mir unverdrossen
nachdem mein Zahnloch wieder verschlossen.

Die Haut

Ja, unsre gute alte Haut
ist uns seit Babyzeit vertraut.
Sie hält den ganzen Kerl zusammen,
die Schlanken und erst recht die Strammen.

Ohne sie, oh Scheck und Graus,
säh's wie bei „Körperwelten" aus!
Das woll'n wir nicht. Sie soll bedecken
die Eingeweide und die Ecken.

Für schöne Haut um gute Formen
Gibt's Wettbewerbe, streng nach Normen.
Sexy Frauen, Muskelmänner
Erfreu'n uns dann und nicht nur Kenner.

Am wertvollsten ist, weil so bequem,
ihr eignes Reparatursystem.
Vom Kopf bis runter an die Beine
heilen kleine Wunden ganz alleine!

Ein Nachteil ist, sie leiert aus
und hängt dann runter oder raus.
Da helfen oft nur teure Kleider
vom korrekturgeübten Schneider.

Ein kurzes Wort noch: Mir tut's weh,
wenn ich Tattoos an Menschen seh'.
Die arme Haut soll sie ertragen
Und kann selbst gar nichts dazu sagen.

Nach zehn Jahr'n oft den Freund gewechselt,
OPs haben dann das „Herz“ gehäckselt,
Verein gewechselt, nix mehr zu tun,
HIER FEHLT NOCH ETWAS?

Die Krähe und das Schwein

Die Krähe meint: „Ich bin eine Krähe und kann krähen. Wer bist du?“

„Ich bin das Schwein und kann Schweinerei machen.“

Die Krähe macht: „Piepäh, piepäh! Und nun du!“

Da scheißt das Schwein die ganze Krähe voll. Aber das fand die Krähe nicht so toll.

Die wahre Geschichte

Dies ist eine wahre Geschichte und keine erfundene Erzählung. Sie ist ein autobiografisches Geständnis und mir auch ein bisschen peinlich. Warum schreibe ich sie dann überhaupt auf? Weil ich anderen Menschen, den Lesern dieser Zeilen, Mut und Zuversicht machen will, ähnliche Erlebnisse zu verarbeiten, und zwar erfolgreich zu verarbeiten.

Ich muss dazu ein klein wenig ausholen und den Leser in meine Jugendzeit versetzen. Ich bin in Leipzig geboren und habe dort auch die Grund- und Oberschule besucht. Meine Eltern und auch andere Personen, die auf mich Einfluss nahmen, ließen mich wissen, dass man mit dem Dialekt Sächsisch beruflich nicht gerade erfolgreich sein könne. Kluge und erfolgreiche Leute würden hochdeutsch sprechen. Also bemühte ich mich als ehrgeiziger Schüler ums Hochdeutsche. Selbstverständlich lernt man aber auch am Rande den in seiner Umgebung gesprochenen Dialekt mit. Meine Begabungen lagen, was nicht allzu häufig zu sein scheint, sowohl auf naturwissenschaftlichem als auch auf sprachlichem Gebiet. Die Naturwissenschaften siegten, denn ich wurde Chemiker. Aber auch die Sprachen nahmen einen nicht so kleinen Raum meiner Interessen ein. Ich konnte ganz gute Kenntnisse nicht nur in Deutsch, sondern auch in Russisch, Englisch, Französisch und Latein erwerben, die ich später noch um Spanisch und etwas Italienisch erweitern konnte. Und weil ich außerdem ein paar schauspielerische Interessen hatte, haben mir von Anfang an auch Dialekte gefallen. Sächsisch von der Lene Voigt, Bayrisch, Schwyzer Deutsch und norddeutsches Platt von Otto Reutter hatten in meinem Kopf ihren festen Platz.

1960 kam ich nach Rheinland-Pfalz. Vom ersten Tage an gefiel mir pfälzisch, obgleich ich lange Zeit gebraucht habe, mich an solche Sprüche wie „Na, wie geht es dann, du alter

Depp!“ zu gewöhnen und nicht sofort beleidigt zu sein. Kurzum, ich habe mit Interesse die Ohren gespitzt und den Leuten, wie man so schön sagt, gerne aufs Maul geschaut. Es dauerte folgerichtig nicht sehr lang und ich konnte ganz gut „alldaachspälzisch redde“.

Als Rentner fing ich vermehrt an, Gedichte und Geschichten zu schreiben. Und aus den ersten Geburtstagsgedichten wurden bald Beiträge, die auch andere Menschen interessieren könnten. Und natürlich habe ich sogar erste Gedichte in Pfälzisch geschrieben. Einerseits ermutigten mich ein paar nette Freunde durch ihr Lob weiterzumachen, andererseits gab es da auch schon mal einen kritischen Hinweis wie: „Also Doi Pälzisch? Ich weeß aach net. So ganz schdimmt do net alles.“

Aber als Optimist hört man ja lieber auf die freundlichen Kritiken und nicht auf die negativen.

Ich hatte ein paar pfälzische Gedichte in meinem ersten Buch mit einfließen lassen, war aber ein wenig enttäuscht, weil die Hochdeutsch-Leser sagten: „Damit können wir nicht viel anfangen“, und die Pfälzer schwiegen sich überwiegend aus.

Auch der Versuch, gute Pfälzer Korrektur lesen zu lassen, lief nicht so sehr glücklich, weil zwei Leute durchaus unterschiedliche Korrekturen vorschlugen und weil manchmal durch ein neues „besseres“ Wort der Reim im Eimer war. Ich musste also dann teilweise ganze Passagen neu schreiben.

Also kam ich auf die Idee, mich mit einem neuen Stapel an Pfälzer-Gedichten an einen dialektsicheren Profi zu wenden. Der war zunächst ganz begeistert, lehnte aber nach ein paar Tagen zu meiner Überraschung mit mich sehr verletzenden Worten ab, weil er festgestellt habe, dass er zu viel ändern müsse, um richtiges Pfälzisch draus zu machen. Ich war so betroffen, dass ich lange Zeit gebraucht habe, mit diesem

Runterputzen fertigzuwerden. Der Mann meinte, ich würde wahrscheinlich noch immer sächsisch denken und dann die Sätze in Pfälzisch übersetzen wollen. Und so geht das eben nicht. Punkt.

Ich war fertig. Pfälzisch hatte mir so viel Freude gemacht und dann dieser Verriss. Ein oder zwei Jahre habe ich erst einmal keine pfälzischen Gedichte mehr geschrieben. Ich brauchte Abstand von dieser Ablehnung. Zeit, Ruhe und Vernunft heilen bekanntlich die meisten seelischen Wunden.

Allmählich habe ich innerlich zugegeben, dass an dem Vorwurf natürlich auch etwas Richtiges war. Als „angelernter Pfälzer" kann man eben nicht mit „Eingeborenen" konkurrieren. Ab und zu gibt es immer mal wieder ein Wort, bei dem man unsicher wird.

Meine allmähliche Überwindung führte dann zu folgender inneren Einstellung: Wenn es mich juckt, dann schreibe ich doch wieder Pfälzer Gedichte. Aber ich werde sie nicht mehr zu Pfälzer Mundartwettbewerben einschicken. Dort sitzen doch vor allem Dialektologen und Germanisten, denen die im Gedicht enthaltene Story oft sekundär ist, aber der Dialekt muss genau stimmen. Und wer hier wohnt, weiß, dass es da, um es noch richtig kompliziert zu machen, jede Menge feine, regionale Unterschiede gibt, die sich dem Zugereisten auch nach 30 Jahren nie ganz perfekt erschließen. Dort kann ich mir nur Enttäuschungen abholen. Nein, Dialekt in Schriftstücken unterliegt bei mir seit dem Einbruch vor ein paar Jahren diesen beiden Beschränkungen: Kein Beitrag mehr zu Dialektwettbewerben und nur ganz dialektsichere, schöne Verse.

So ist es mir für mich ganz persönlich gelungen, einen Weg im Dialektumgang zu finden, der mir trotzdem Freude macht. Die herrlichen Pfälzer Bücher, z.B. von Paul Tremmel, kann ich inzwischen wieder mit großer Freude und herzlicher, inniger Anteilnahme lesen.

Und weil ich ein alter Mann bin, inzwischen 56 Jahre verheiratet, und auch noch mit meiner Frau zusammenlebe, drängt es mich hier noch einen Gedanken und guten Rat für junge Menschen mit anzuhängen. Wie bringt man es fertig, so lange glücklich verheiratet zu bleiben? Es gibt dafür eine ganz einfache Antwort: Meine Frau und ich haben frühzeitig gelernt, nach einem Streit bald wieder einen Weg zu finden, die psychische Talsohle zu überwinden. Toleranz, Gespräche und Liebe sind die Baustoffe lang haltender Brücken zueinander. Und jeder kleine Neuanfang ist eine wunderschöne Lebensbereicherung.

Die Woche

Mo Am Montag fang'n wir Neues an.
Mit „Ärmel hoch" geh'n wir gleich dran.
Da geht's uns gut, es wird gelacht.
Und was kaputt ist, wird heil gemacht.

Die Am Dienstag hast Du Dienst, mein Freund,
da gibt's nur Dienst und keinen Joint.
Da wird nicht von der Arbeit gewichen,
höchstens der Eiffelturm gestrichen.

Mi Am Mittwoch wird die Woch' geteilt
auch schon stolz mal kurz verweilt.
Die Hälfte ist fertig, doch manches muss warten,
auf Arbeit, beim Wohnen oder im Garten.

Do Ei-der-Daus und Donnerschlag,
heut' ist schon wieder Donnerstag.
Da darf's mal donnern und auch regnen,
denn Gott muss pflanzen auch mal segnen.

Frei Heute ist Freitag;
das ist der „Bleitag".
Alles drückt sehr.
Die Arbeit ist schwer.

Sa Samstags geht's gut, da darf man hoffen,
denn alle Läden sind vormittags offen.
Und dazu sag' ich Euch noch was:
Geld ausgeben macht immer Spaß!

So Am Sonntag kannst du länger ruh’n
und auch mal etwas Gutes tun.
Da warten viele, komm, steh auf!
Der Rest der Welt, der wartet drauf!

Die Thea schlurft den Flur entlang

(Die Thea lief auf dem Heim-Flur viele Kilometer.)

Mal ist mir gut, mal ist mir bang.
Die Thea schlurft den Flur entlang
und hält sich am Geländer fest.
Dann schlurft sie weiter, den letzten Rest.

Ich hoff, es geht ihr immer gut.
Und sie, sie findet neuen Mut,
immer wieder weiter zu laufen
und die Zeit, auch zu verschnaufen.

Mal ist mir gut, mal ist mir bang.
Die Thea schlurft den Flur entlang.
Was mag sie dabei sich wohl denken?
Ich möchte' ihr alles Liebe schenken.

Vielleicht freut sie sich, dass sie's kann,
den ganzen langen Flur entlang.
Vielleicht ist das ein kleines Stück
ihres Lebens letztes Glück.

Die Zeit

Zeit sieht man nicht und hört man nicht.
Auf Waagen hat sie kein Gewicht.
Und trotzdem will sie jeder haben.
Stets zählt sie zu begehrten Gaben.

Beizeiten zu Bett und früh wieder auf,
das sei ein gesunder Lebenslauf.
Doch komm' ich heut' nicht, komm' ich morgen
und kann mit Zeit noch mehr besorgen.

Ich nehme mir Zeit. Doch ich kann es auch lassen,
denn so oder so kann ich Zeit nicht anfassen.
Man will sie haben und begehren,
doch ist sie partout nicht zu vermehren.

Der Kluge hat Zeit für wichtige Sachen
und lässt den Kleinkram andere machen.
Der Faule hätt' sie, doch nutzt er sie nicht.
Er hat zu allem 'ne eigne Sicht.

Der Fleißige nutzt sie dagegen richtig.
Das hilft uns allen und ist schließlich wichtig.
Die Zeit ist unendlich, ewig und groß.
Es gibt immer neue! Ist das nicht famos?

Ein alter Pfälzer

Einst war ein alter Mann in Ludwigshafen oft unzufrieden mit seiner Gesundheit. Plötzlich steht ein großer Mann vor ihm und fragt ihn, warum er unzufrieden ist. Man kann sich leicht vorstellen, dass der Mann mit seiner angenehmen dunklen Stimmen der Erzengel Gabriel war. Man kann es aber auch sein lassen. „Ich bin oft krank und muss immer ganz viel Tabletten und Spritzen bekommen. Und was die mit mir machen, ist nicht immer nur gut. Und dann bin ich schnell deprimiert und habe zu nichts mehr Lust."

Der Besucher erzählte ihm folgendes: „Ich betreue hier einen Mann, der hat beide Beine bei einem Autounfall verloren und muss nun lernen, in einem Rollstuhl zu fahren. Möchtest du mit ihm tauschen?"

„Nein."

„Dann betreue ich noch einen Mann. Der hat seine Frau und seine Tochter, bei einem Flugzeugunglück verloren. Willst du mit ihm tauschen?"

„Nein."

„Und dann betreue ich noch einen Mann. Dem geht es etwa wie dir. Er ist über vieles traurig und kann noch fröhlich sein. So, jetzt pass auf, wir besuchen jetzt das Hack-Museum."

Und weil der Mann an Malerei immer interessiert war, gefiel ihm das Museum.

Am nächsten Tag stand der Mann wieder da.

„Auf geht's! Wir gehen in einen Kindergarten und helfen dabei, den Kuchen zu verteilen, weil einer der kleinen Wurschtel Geburtstag hat."

Tja, mein Gott, da war was los! Zum Traurig sein gab es keine Chance.

Beglückt ging er nach Hause und hatte zwischendrin alle Depressionen vergessen.

Der Mann oder Gabriel kam nicht wieder, aber die Anregungen genügten, um sein Leben mit ein paar Aktivitäten auf eine andere Ebene zu bringen. Und die gefiel ihm besser als die Vergangenheit.

Ein Furz

Ein Furz fliegt durch die Welt,
die er für froh und munter hält.
Er lacht sich eins, ist immer heiter
und stinkt ganz grausam immer weiter.

Doch da komm'n Raucher, die ihn brauchen
und die benutzen ihn zum Rauchen.
„Nicht schlecht, Herr Specht!“, meint drauf der eine.
Und das denkt nicht nur er alleine.

Ein Händedruck

Ein Händedruck bedeutet vieles.
Er beschließt das Erreichen eines Zieles.
Ist er freundlich und nicht grob,
bist du sicher und's läuft topp.

Ist er dagegen lasch und weich,
vergisst du die Sache lieber gleich.
Ein fester Druck und ein netter Blick
schließen aus ein Missgeschick.

Ein Narbenleben

Ich Narbe hatte eine schmerzliche Geburt. Rotes Blut sickerte über die Haut und alles tat weh, von vorn nach hinten und unten bis oben. Mir war sofort klar, dass ich ein Doppelleben führte. Es taten nicht nur die kleinen zerrissenen Nervenenden weh, sondern auch im Gehirn.

Nach zwei Stunden ließen die Schmerzen nach. Das Blut verklebte alles. Nach drei Tagen hatte sich eine stabile Kruste gebildet, die die Narbe verschloss. Und nach einigen Wochen zerkrümelte die Blutkruste und brach in kleinen Stücken ab.

Darunter kam ganz neue, etwas blasse Haut noch etwas holprig zu Tage. Die tat fast gar nicht mehr weh. Ich war schön und angenehm überrascht, als sich zarte Frauenfinger mit rot lackierten Nägeln streichelnd auf mich legten. Wieder spürte ich das zweimal, einmal auf der Haut und einmal im Gehirn, schön war das. Mit der Zeit wurde die Erinnerung an die Narbe im Gehirn gelöscht. Das war das Ende meines Lebens.

Engel

Mein lieber Engel, bist du ein Mann?
Lieber Engel im Kleid, bist du ‘ne Frau?
Oder bist du keines von den beiden
und fliegst nur ‘rum im Himmelblau?
Egal wie’s ist und was du machst:
Du erfreust die Menschen, wenn du lachst!

Engelgeschichten

Engel sind etwas sehr Schönes. Haben Sie darüber auch schon mal nachgedacht? Nein, dann tun Sie es mit mir. Sie besuchen uns auf Wunsch unseres Gehirns, wenn wir an sie denken. Und sie verschwinden wieder, wenn wir sie nicht brauchen. Das ist doch wunderbar. Und sie tun nie Böses. Sie helfen uns, mit einem Problem fertigzuwerden, das uns ein bisschen quält.

Das Schöne an Engeln ist auch, dass wir sie kennen. Die beiden, die mich besucht haben, waren meine Mutter und meine Frau. Sie waren bei mir, als ich allein mit meinen Sorgen war, und sie kamen ruhig und still. Sie waren nicht laut und nicht leise. Eben so, wie ich mir angenehme Gesprächspartner vorstelle. Das wundert mich überhaupt nicht, denn seit einiger Zeit weiß ich, dass sie von mir selbst erzeugt werden. Es sind meine Engel und sie kennen mich ganz genau. Es ist einfach schön zu wissen, dass unsere Engel uns kennen und uns helfen wollen. Und es ist einfach wunderbar, dass es nach so einem netten Besuch auch immer wieder einen Weg gibt, der einem gangbar erscheint und einen beruhigt.

Als meine Mutter gestorben war, hat sie mich als Engel besucht. Es war einfach schön zu spüren, dass da jemand existiert, der sich Sorgen um mich macht und schaut, ob ich ohne ihn zurechtkomme. Meine verstorbene Frau blieb meistens ganz ruhig. Aber das hat mir gefallen. Da war jemand, der ab und zu da war und liebevoll mein Leben akzeptierte.

Wie kommt das, dass unsere Engel uns so beruhigen? Das ist ganz einfach zu verstehen. Es sind Abbilder von Menschen die es immer gut mit uns meinten, die unser eigener Geist noch einmal rekonstruiert. So wie wir vielleicht einmal sagen: „Was würde jetzt dazu Mama sagen?“ Und dieser gedachte Mensch kann dann kurze Zeit wieder reden – oder auch lieb aussehen. Apropos Aussehen. Wie schauen unsere Engel aus? Ich erinnere mich immer sehr an seinen Kopf und wie er redete. Ein bisschen erinnere ich mich auch noch den Oberkörper, aber nicht an den Unterkörper.

Ich bin dankbar, dass es Engel gibt, die uns auf stille Art helfen, über schwierige Situationen hinwegzukommen. Ich wünsche jedem Leser das gleiche Glück.

Enkelfrage

„**Lieber Opa,** Du hast Falten,
kleine und die großen alten.
Ganz verknittert siehst Du aus.
Geh'n die später wieder 'raus?"

„**Liebes Kind,** das ist halt so,
ob weiß, gelb, braun, ob Eskimo.
Alte Haut verknittert eben.
Dafür hält sie 'n ganzes Leben!

Zeitungsblätter knittern auch.
Blätter vom Baum und jedem Strauch
werden im Alter welk und knittrig.
Und meine Arme sind auch noch zittrig.

Fragst Du, ob ich Dich mag oder nicht?
Manchmal sieht man's nicht im Gesicht.
Nie darfst Du zweifeln, ach Gott und herrje!
Ich mag Dich gern, so oft ich Dich seh'!"

Erkenntnis

Du hast drei Stunden frei und nichts zu tun.
Du könntest einfach ruhig ruh‘n.
Du könntest auch, ich empfehl’ es Dir,
‘ne Innenschau mal machen, hier.

Setz’ Dich gemütlich, lehn’ Dich an.
Denk nicht an Frauen und keinen Mann.
Lass Dir die Ruhe nicht vermiesen.
Du kannst auch mal die Augen schließen.

Und bald spürst Du, wie nun Dein Denken
zu einem Punkte hin wird lenken.
Im Anfang ist das unklar, was das ist:
Nur dummes Zeug oder alter Mist.

Doch allmählich wird Dir klar,
dass es wichtig für Dich war.
Du stehst jetzt gar nicht unter Eile;
Du hast noch immer zwei Stunden Weile.

Langsam klärt sich Deine chaotische Wildnis.
Es entsteht immer klarer ein verständliches Bildnis.
Das war nicht schwer. Das lief ganz allein
und ist so logisch, als müsst es so sein.

Nach drei Stunden hätt’ ich nicht gedacht,
dass ein Problem, das mir Sorgen gemacht,
im Halbschlaf gut zu lösen war.
Ich werd’s mir merken fürs ganze Jahr.

Fanta

Wer mich kennt, weiß, dass ich Fanta-Trinker bin. 1 Liter/Tag ist es meistens. Ich liebe ihren Geschmack und will niemals freiwillig auf sie verzichten.

Nun kommt aber mein Hausarzt und will sie mir nun ganz verbieten! Ich musste ernsthaft nochmal nachfragen. Verboten wegen seines Zuckergehalts. Der würde in mir Krankheiten hervorrufen.

Solche Fanta-Trinker, wie ich einer bin, trifft das ins Herz. Jetzt bin ich im Krankenhaus und sinne vor mich hin. Fencheltee soll ich halt trinken. Ich bin kein Fenchel-Gegner, aber Fanta-Trinker. Im Krankenhaus denkt der Chef an Zahnputzen. Ob da wohl Speisereste von Tag zu Tag sinnen, wie sie den Werner umbringen könnten? Aber die irren sich alle, denn ich werde 100. Das habe ich so festgelegt und das mache ich auch.

Also erst mal muss ich klären, wie viel Zucker in der Fanta ist. Dann muss ich auch klären, wie viel Zucker im Apfelsaft ist.

Wenn der auch so viel Zucker enthält, ist der natürlich auch als Ersatz verboten. Zitronenlimo muss ich auch prüfen.

Zitronenextrakt in Sprudelwasser könnte auch gut schmecken. Na, und dann habe ich noch etwas über Fanta mit Zuckerersatz nachgedacht. Eine halbe Flasche pro Tag wäre doch auch schon ein Schritt, oder? Na und was sagen eigentlich andere Ärzte dazu? Ich habe also viel zu tun. Mal sehen, was mir mit reduzierter oder weggefallener Fanta passiert. Wenn ich überlege, werde ich den zweiten Teil der Problemlösung auch noch von mir geben. Falls nicht, wisst ihr, woran ich gestorben bin: Fantaentzug!

Fantaentzug, 2.Teil

Erstens: Ich lebe noch. Zweitens: ohne Fanta! Hätte ich nie geglaubt, dass das möglich ist.

Was trinke ich jetzt: überwiegend eine Mischung aus kaltem Wasser (gasloser Sprudel) mit 10-20% alkohollosem Rotwein versetzt. Der Zusatz von alkohollosem Wein macht aus fadem Wasser ein Getränk mit leichtem Geschmack. Und der entalkohlisierte Rotwein hat zwei Vorteile vor anderen Weinen: Er schmeckt ganz gut und sieht schön rot aus.

Aber was mich ärgert, sind die hohen Preise. Eine Flasche alkoholloser Rotwein kostet um 5,50 €. Nun habe ich festgestellt, dass alkoholloser Sekt bei einigen Lieferanten nur um 3,00 € kostet. Habe ich auch probiert. Und Sonntags genehmige ich mir so eine Buddel, schön im Kühlschrank gekühlt. Das schmeckt wirklich saugut.

Ich fange mich an, über meine neue Lebensphase zu freuen.

Fremdworte müssen sein

Deus, Basilius,
Radius und Filius,
Aquakadabra, Herr Advokat,
moderat, desolat im Direktorat.
Hominiden auf den Hebriden,
sakualisiert in Frieden.
Fisimatenten, audio-Hi-Fi,
nitrat- und laktosefrei.
Super Leipziger Allerlei
Omelette ist besser als Einzelei.

Freundin

Eine Freundin ist ein hohes Gut
Sie lacht mit dir und mach dir Mut.
Sie trauert mit dir, egal, wie lange
und tröstet dich, bis du nicht mehr bange.

Du bist nicht mehr jung, du bist schon alt.
Aber mach was dagegen, sie mag dich halt.
Wie immer es entstand, dies Lebensglück,
es ist ein schönes Lebensstück.

Zweite wissenschaftliche Vorlesung: Furz

Meine sehr verehrten Damen und Herren, wir wollen uns heute einem zweiten großen Tabu unserer Gesellschaft zuwenden, dem Furz. Wie Sie alle wissen, hatten wir in der vorigen Vorlesung das Popeln wissenschaftlich durchgesprochen. Ich darf noch mal meiner Freude Ausdruck verleihen, dass so viele von Ihnen an den praktischen Übungen erfolgreich teilgenommen haben. Auch heute erwarte ich wieder Ihre aktive Mitarbeit.

Vorwort

Erlauben Sie mir ein kleines Vorwort. Während das Popeln eine mehr in der Stille angesiedelte Tätigkeit des Menschen darstellt, ist das Furzen mehr eine akkustophile Tätigkeit. Und genau deswegen haben sich auch sofort mehrere Literaten dieses populären Naturphänomens angenommen, sei es nun in Gedicht- oder Liedform. Ich komme am Ende meiner Vorlesung auf beide Kunstformen noch in Beispielen zurück.

Namensgebung

Laut dem neuesten Duden von 1996, der die neue Rechtschreibung bereits beinhaltet, ist ein Furz ein derber Ausdruck für eine abgehende Blähung.

Da fällt doch jedem von Ihnen gleich der bekannte Vergleich mit dem Abitur ein: Das Abitur ist der Abgang des Gymnasiasten von den aufgeblähten Lehrern. Sie kennen ja sicher alle auch den berühmten Ausdruck: Denen habe ich das Abitur nur so hingefurzt.

Das Synonymwörterbuch führt uns zu weiteren Bezeichnungen: Medizinisch Darmwind, Blähung; vornehm akademisch Flatus; volkstümlich Pups; landschaftlich Lauser; norddeutsch Fluser; pfälzisch Knaller oder Pumper.

Auch dic Verben sind uns alle weitgehend vertraut: vornehm einen Wind lassen oder eine Blähung abgehen lassen auch in verhüllter Form sich unanständig benehmen; bekannter sind die umgangssprachlichen Formen wie: einen fahren lassen, einen fliegen lassen, einen abgehen lassen, einen sausen lassen, einen streichen lassen, einen ziehen lassen – welch ein wunderschöner Sprachschatz liegt da ewig brach! – sich in den Darm stechen, einen alten Schirm stehen lassen, einen toten Vogel in der Tasche haben, pupsen, käsen, flusen, furzen und scheißen. Na Sie sehen schon, das ist ein riesiges Areal für unsere Dichter und Stänker, Verzeihung, ich meine Denker.

Speisen, die viel Zwiebel, Erbsen, Bohnen und Kraut enthalten, sorgen für ausreichend Treibgas und volle Klangstärke. Ist mehr an die Geruchsintensität gedacht, sollte man mehr Nüsse und Eier essen. Dann wird der Schwefelwasserstoff-Anteil signifikant erhöht. So entstehen die verschiedenen Schleichertypen der Geruchsqualitäten von „übel“ über „brechreizfördernd“ hin zur „toxischen Zusammensetzung“, die Sie bitte niemals in konzentrierter Form verriechen dürfen, auch nicht zur Personenidentifizierung im Dunkeln.

Die aromatischsten Varianten entstehen nach Pfefferminz-Plätzchen. Die Dinger haben wirklich was, doch, doch, mh!

Einteilung

Es gibt natürlich viele Einteilungsvorschläge. Ich unterbreite Ihnen hier mal die nach Alfred Limbach:

1. Der Darmstädter cognito ohne Gefolge (Vapor tonans communis), der laute geruchlose Furz.
   Er ist mehr nützlich als schädlich. Obgleich Damen unter sich, wie Herren unter sich, sein Erscheinen oft mit großer Heiterkeit begrüßen, tut man doch wohl, ihn in gemischter Gesellschaft höchst sparsam zu genießen.
2. Der Darmstädter cognito mit Gefolge (Vapor tonans odoratus), der gemeine, laute Stinkfurz.
   Sein Auftreten gleicht dem eines rohen, ungebildeten Menschen, und gleich diesem ist er fast nie gern gesehen, es sei denn, dass man in sehr kalten Nächten im ungeheizten Zimmer schläft, wo man sich wohl an seiner animalischen Wärme erfreuen und gern auf die außerordentlich lang anhaltende Detonation lauschen mag.
3. Der Darmstädter incognito ohne Gefolge (Vapor communis simus), der gemeine oder Luftfurz.
   Dieser Furz ist so indifferent, daß ihn frühere Einteilungen völlig getrennt als einfache Winde, ventus simplex, aufgeführt haben. Läßt man ihn direkt in einen Metalltopf böllern, wird er zum wohlklingenden Vapor tonans. Seine bevorzugte Tonlage ist Schiss-Moll.
4. Der Darmstädter incognito mit Gefolge (Vapor perfide odoratus), der gemeine Schleicher.
   Wie schon der Name sagt, haben wir es hier mit einem heimtückischen und hinterlistigen Intriganten zu tun, und in der Tat führt diese Spezies ihren Namen mit vollem Verdienst. Genießt man ihn allein, so mag man ihm noch eher verzeihen, allein in Gesellschaft anderer wirkt er für seinen Urheber niederschmetternd im höchsten Grade. Ihm ist es u.a. auch zu verdanken, dass man sich mit dem Vapor communissimus nur mit Gewissensbissen und zeitweiliger Angst befreunden kann.

Für weitere spezielle Fürze verweise ich auf meine Vorlesung „Tänzerfürze und ihre Auswirkungen“ jeden Mittwoch um 20 Uhr im Auditorium maximum. Dort werden auch der Studentenfurz (Vapor studiosus), der gemeine Bierfriedrich, der Zirkusfurz (Vapor circensis), der schwere Knaller sowie der Pressfurz und das Kunstfurzen besprochen. Übungfurzen findet immer samstags ab 9 Uhr im Kurz-Furz-Kurs statt.

Und nun, meine sehr verehrten Damen und Herren, möchte ich Ihnen drei kleine literarische Kostproben zur Furzologie geben, wobei ich mich natürlich nicht auf so niedere Ebenen wie Wirtinnen-Witze begeben möchte:

Frau Wirtin hatte ‘nen Freund aus Wien,
der furzte Opernmelodien.
Er furzte „Rote Rosen ...“
Doch als er Wagner ausprobierte,
da schiss er in die Hosen.

Vielen Dank für Ihre Aufmerksamkeit!

Das Herkunftswörterbuch belehrt uns übrigens darüber, dass das Wort Furz von mittelhochdeutschen Verzen kommt. Da haben Sie gleich den Beleg für den pälzische Ferz.

Zusammensetzung

Die Zusammensetzung des Furzes schwankt außerordentlich. Sie geht von reiner Luft über geradezu tödliche Faulgasmengen hin bis zum Treibgas für Turbinen. Wenn die Energiekosten noch weiter steigen, bin ich überzeugt, dass die Industrie Furzsammler in handlicher Form anbietet, die dann eine gefahrlose Zugabe zum Heizgas ermöglichen. Dann furzen wir der RWE eins. Mit eigenem Biogas. Da machen auch die Grünen mit!

Entstehung

Zur Erzeugung guter Furze bedarf es einer besonderen Diät, andernfalls ist die Ausbeute nur kläglich.

Furzen

Ein Furz ist das aller normalste der Welt,
und dass es niemand anders erzählt!
Wir essen Festes, Flüssigkeit und Luft
und Letztere wird irgendwann verpufft.
Der Furz ist nicht schlecht. Nur sein Ruf ist fatal.
Also seid freundlich und bleibt normal.
Schon Luther hatte einst unverzagt
seine Gäste daheim offen befragt:
„Warum rülpset und forzet ihr nicht?
Hat es nicht geschmecket?“

Galgenlieder

Nach Christian Morgenstern

Die Blume

Sprach ne Blume
zu ihrer Krume:
„Liebe Muhme,
bring mich zum Ruhme!“

„Willst mich verdummen?
Das kostet doch Summen!
Deine Stiele, die krummen,
musst Du vermummen!“

„Schade, schade!
Keine Parade.
Das Leben ist fade,
nun ich bin malade.“

EURO

EURO, eras, eurat,
euramus, euratis, eurant.
Mit wem war der EURO gleich noch verwandt?
Ach ja, das war der kleine ECU.
War der nicht auch ein süßes Vieh?

Familie EKT

Hier ist die Familie EKT.
Der Vater war PRÄF-EKT.
Der Sohn kam im AFF-EKT.
Die Eva war der EFF-EKT.
Die Mama war danach DEF-EKT.
Und immer gab's dort S-EKT,
weil der so prima SCHM-ECKT

Der Gedanke

Ein Gedanke entschlüpfte dem Hirn bis auf die Straßen
und trifft dort auf den Osterhasen.
Der stutzt und wundert sich gewaltig.
Macht drauf die Stirn ganz faltig.
Und plötzlich fängt er an und denkt,
weil in ihm der Gedanke hängt.
Er denkt an Bio und an Mathe,
an Rechnungen in einer Kladde,
an Englisch, Franz sogar, Latein.
„Wie ekelhaft muss denn das sein!"
So ruft er ganz erbärmlich laut,
bevor er auf die Straße haut.
Drauf würgt er den Gedanken raus,
und glücklich hüpft er dann nach Haus.

Der grüne Rautz

Ein ***Staunen*** zog durch unsre Welt,
und das heute, ohne Geld!
Vom Wald her kam ein dunkles ***Raunen,***
so groß und grün, man musste staunen.
Doch plötzlich macht's pardü, pardautz;
und mittendrin der grüne Rautz.
Der frisst sie beide, Stück für Stück.
Ich sah's von weitem, mir zum Glück.

Der Mogel

Der Mogel ist kein Vogel nicht.
Er ist ein kleiner, platter Wicht,
lebt im Papier, mal in der Steuer,
mal ist er klein, mal ungeheuer
groß, man glaubt es kaum,
hängt fett und mopsig auch im Baum,
dass sich die Äste ziemlich biegen,
doch ist er meistens sehr verschwiegen,
und außerdem auch schwer zu kriegen.

Kroklo quafzi

Kroklo quafzi dirumlei,
nicht mit A im Einerlei,
sagt der Christian, mein Freund,
und hat die Worte mit Würze gejoint.

Suse jeche Jonathan
brause ganze Thymian.
Selle delle gebius
al mortoem el medicus.

Roma forte dasili
mille Qurilei soli.
Pantern datem exodus.
Fixatori fidibus.

Negatives Licht

Ein alter Lehrer der Physik
verriet mir einst mit list'gem Blick:

„Es wäre schön, wenn es sie gäbe.
Doch leider gibt's sie eben nicht;
Ich würd' mich freu'n, wenn ich's erläbe,
die Lampe mit negativem Licht."

Wo sie hinzeigt, da wird es dunkel.
Ihr schöner, stiller, dunkler Strahl –
und das gefällt der Palma Kunkel –,
vernichtet Licht ganz radikal.

Lampe an, und nichts zu seh'n!
Das wär'doch toll, mein lieber Mann,
denn alle bleiben sofort steh'n ! –
Ich krieg's noch raus, ich forsch noch dran.

Der Plungo

Nachts hat Plungo ungeniert
immer wieder raluziert.
Zuerst war's uns ja auch willkommen,
doch später dachten wir beklommen:
„Ist das Symptom nun autonom
oder ist es gastronom?“ –
Wir sehen's heute anatomisch
und mehr ökogastronomisch.

Purzelbaum und Stammbaum

Ein Purzel- und ein Stammesbaum,
die trafen sich am Gartenzaun.
„Hoppla“, ruft der Purzelwicht
und erkennt den Stamm-Verwandten nicht.

So blieb die Verwandtschaft nur Schall und Rauch,
wie bei uns Menschen manchmal auch.

Der Purzelwicht

Der Purzelwicht,
der scheut das Licht.
Er ist stets alleine
und hat 20 Beine.
Wenn's niemand sieht, dann rollt er sich,
er purzelt, kugelt kringelich ...
Und geht das Licht an, ist er weg.
Nichts sieht man mehr am gleichen Fleck!

Die Stange

Der Kurze und der Lange,
die hielten eine Stange.
Der Kurze hielt sie kurz;
der Lange hielt sie lange.
Und das gefiel der Stange.

Palmström und von Korf hingegen
kam das gar nicht sehr gelegen.
Der Mann von Welt hält Stangen kurz.
Brauchtum muss man immer pflegen.
Das kann man klipp und klar belegen.

Das Steckenpferd

Ein Steckenpferd trabt durch den Wald.
Es ist noch gar nicht so sehr alt.
Das heißt, der Stecken, der ist neu,
und deshalb jung auch noch und scheu.
Das Pferd ist mehr ein alter Gaul,
und deshalb auch schon ziemlich faul.
So tobt im Steckenpferd der Stecken,
doch's Pferd kommt leider nicht vom Flecken.
So sind sie nun seither, seitdem,
die Steckenpferde, sehr bequem.

Zählreim

1, 2,
Hexenei,
3, 4,
Elixier,
5, 6,
Tintenklecks,
7, 8,
Krach gemacht,
9, 10,
Du must geh’n!

25 Uhr

24 Uhr – Stil ruht der Flur.

25 Uhr – Gröfatz in Montur,
welch' grässlich' Kreatur, mit purpurroter Spur!

26 Uhr – Zäsur, nix mehr obskur.
Kultur im Flur, pur.

Noch ein letzter Schrei: – Es ist 2 !

Gaststätten

Seit einiger Zeit benutze ich mit meiner Frau zum Essen öfter Gaststätten. Allmählich kristallisiert sich in meinem Gehirn immer klarer heraus, was eine sehr gute, eine gute, eine mäßige und eine schlechte Gaststätte ist.

Das erste Drittel der Einordnung ist der erste Eindruck. Dazu gehören nicht nur das Ambiente und die Sauberkeit, sondern auch in hohem Maße der Empfang. Es ist ein Riesenunterschied, ob man von einer verdrießlichen, wortkargen, älteren Person oder einer jungen, hübschen Frau begrüßt wird. Ich bin halt ein Mann und Männerblicke bleiben alle gern an hübschen Frauen hängen. In fast allen guten Gaststätten wird man folgerichtig auch von attraktiven, jungen Frauen empfangen. Die Zahl der netten Männer ist deutlich kleiner.

Das scheint damit zusammenzuhängen, dass Männer viel mehr als Frauen durch optische Reize auf das jeweilige andere Geschlecht reagieren. Bei Frauen scheint mehr das Wesen der Ober und Kellner im Vordergrund zu stehen. Der muss vor allem nette sein; wie er aussieht, das kommt erst an zweiter Stelle.

Doch zurück zum ersten Eindruck. Wenn man bei der Essenauswahl beiläufig eine hübsche Frau flott und nett beim Bedienen sieht, ist das erste Drittel des Gesamteindruckes schon gebongt.

Der zweite Teil ist die Bedienung des Gastes. Wann kommt die Karte, was wird man gefragt, wann kommen die Getränke, haben sie die richtige Temperatur, wann kommt das Essen usw.? Ist das auch noch in Ordnung, sieht meine Beurteilung schon gut aus. Bis dahin.

Denn nun kommt der eigentliche wichtigste Teil: Schmeckt das Essen? Ist qualitativ und quantitativ alles okay? Und last not least, stimmt die Preisrelation? Gutes Essen darf auch ein paar Euro teurer sein.

Wenn das alles gut ausfällt, sind ich und sicher auch andere Gäste zufrieden.

Ich habe schon vor Jahren in der Qualitätssicherung gelernt, dass alles, was zur Qualität zählt, in Ordnung sein muss. Man kann nicht eine Funktion übererfüllen und dafür andere vernachlässigen. Das bekannte Beispiel dafür ist, dass ein vergoldeter Wagenheber genau nichts wert ist, wenn er die zu hebenden PKWs nicht heben kann, sondern bricht. Da nützt ihm auch die Vergoldung nichts.

Nun bleibt mir nur noch übrig, Ihnen allen beim nächsten Gaststättenbesuch eine schöne, gepflegte und saubere Gaststätte, eine hübsche, nette und freundliche Bedienung und ein wunderschönes, schmackhaftes und preiswertes Menü mit passenden Getränken dazu zu wünschen.

Ach so, eins habe ich noch vergessen. Nehmen Sie sich am besten noch eine liebe und nette Begleitung mit, damit sie sich auch daran erfreuen können, wenn doch etwas nicht ganz klappt.

Gebet

Lieber Gott! Ich nenne Dich auch mal so, wie alle Menschen, obwohl ich keine Ahnung von Deinem Aussehen habe. Ich bin überzeugt davon, dass in der Entwicklung des Weltalls eine hohe, gesetzesgebende Gewaltstelle existiert haben muss, denn nach dem Urknall haben sich bald danach frühe, einfache Formen der Naturgesetze gezeigt, die irgendjemand der Materie zugeordnet hat. In meiner Vorstellung warst Du das. Denn bis heute kann mir keiner z.B. die Erdanziehung erklären. Das ist nicht weiter schlimm, denn wir Menschen haben schnell den Umgang mit ihr gelernt.

Später haben sich die Naturgesetze, nach denen das gesamte Weltall funktioniert, diversifiziert. Das ist auch in Ordnung, denn wir sind flexibel gebaut.

Was nicht gut ist, dass es viele schlechte Dinge gibt, die das Leben der Menschen und aller Lebewesen erschweren.

Dieser Berg voller Sünden ist auch ein Stück Deiner Schöpfung. Verzeihe uns und hilf uns, besser zu werden, wenn Du das kannst. Wenn nicht, habe Verständnis für unsere Fehler. Wir versuchen das Beste aus unserem Leben zu machen, denn in uns lebt ein Gewissen, das uns meistens schnell mitteilt, was gut und böse ist.

Trotz täglich neuer Probleme, die jeder lösen muss, ist unser Leben schön. Dafür danken wir Dir.

Amen.

Gebiss

Ein Gebiss ist großer Mist
wenn Du nicht weißt, wo's grade ist.
Ganz anders ist's wenn es gut sitzt
und aus 'nem hübschen Antlitz blitzt.

Mit schönen Zähnen, weiß und blank
und drunter 'n Körper, schlank und rank.
Da wird Dein Geist nichts dran vermissen
und Du denkst bloß noch: „Die möcht' ich küssen!"

Doch wie sieht's aus bei Oma Kneifel?
Das ist ein lieber, armer Teifel.
Die Brille weg, sie sieht nicht alles
und ohne Gebiss noch arm wie in Dallas.

Wer jemals gebisslos in den Spiegel guckt,
ist zu Tode erschrocken und hat gezuckt.
War da ein fieser Typ zu sehen!
Die Augen zu und schnell weggehen!

Da siehst Du doof aus, mehr geht's nicht!
Was Dich da angrinst, ist kein Gesicht.
Das ist bestenfalls noch 'ne Grimasse,
von Zuchhäuslers Robert, der Dauerinsasse!

Da hilft auch kein Nachbar bei Deinen Sorgen,
denn der kann Dir von sich ja auch keine borgen.
Egal wem sie g'hört, aber sie muss ja passen.
Von fremden lieber die Finger weglassen!

Es hilft nur eins: Ein neues muss her!
Der liebe Dentist, der freut sich schon sehr.
So komisch ist halt unsre Welt:
Was Dich so ärgert, manch anderm gefällt!

Geburtsglückwunsch

Ach wie schön und ach wie nett,
die Familie ist komplett.
Ist das Baby noch gesund,
wird die Sache richtig rund.

Mama, Papa sind wohlauf.
Opas, Omas auch gut drauf.
Da könn’ wir nur salutieren
und ganz herzlich gratulieren.

Gedanken

Eigene Gedanken kommen ins Wanken,
weil man nicht sicher ist, kommen sie ins Schwanken.
Wie macht man sie sicher und glaubensfest?
Durch Wiederholung vom Anfang bis zum Rest.
Wichtige Denkergebnisse müssen
reproduzierbar sein mit gutem Gewissen ...
Auch Selbstkritik muss öfter sein.
Danach wird der Gedanke klar und rein.
Und abschließend sag ich zum Denken: „Nur Mut!
Was vernünftig und klar ist, ist immer gut!“

Geld

Geld ist furchtbar.
Geld ist fruchtbar.
Geld ist schön.
Jeder möchte viel davon seh'n

Doch Geld ist nur ein Mittel im Haus.
Du bist dran, mach was draus.

Glück

Mit letzter Kraft springen drei junge Leute in den Interregio, in dem ich sitze, und plumpsen noch ganz atemlos auf leere Plätze mir gegenüber. „Mensch haben wir Glück gehabt, dass wir den Zug noch erwischt haben“, hechelt der Erste.

„Hätten wir alt ausgesehen, wenn der fort gewesen wäre!“ ergänzt der Zweite.

Ein paar Minuten später sprechen sie über andere Dinge, wieder ganz normal. Das Glück ist anscheinend schon zu Ende oder vergessen.

„Was ist eigentlich Glück?“, frage ich mich, während ich draußen nachdenklich die Landschaft mit steigender Geschwindigkeit an mir vorbeihuschen sehe.

Und weil ich bis Neustadt noch ein bisschen Zeit habe, versuche ich diese Allerweltsfrage für mich zu klären. Sicher haben schon zig Philosophen über dieses Thema schlaue Gedanken geäußert. Aber die will ich jetzt gar nicht wissen. Ich selbst bin doch alt genug, um mir einmal zu überlegen, was eigentlich das Glück ausmacht.

Das Erste, was mir auffällt, ist, dass Glück für jeden etwas anderes zu sein scheint. Der eine freut sich über einen lieben Partner und ist glücklich mit ihm. Der andere ist glücklich, wenn er sich gerade von seinem bisherigen Partner wieder getrennt hat. Halt, da steckt ja noch eine wichtige Erkenntnis drin: Wenn der gleiche Partner einmal glücklich machen kann und später unglücklich, dann ist Glück offenbar auch noch sehr zeit- und umstandsabhängig.

Was mich heute glücklich macht, macht mich morgen vielleicht nicht mehr glücklich. Oh Gott, wie kriegt man das alles in die Reihe! Die Sachverhalte unterscheiden sich – der eine liebt Briefmarken, der andere Geld – die Zeitpunkte unterscheiden sich. Wie ist es mit der Menge, der Quantität?

Macht den Geldliebhaber ein 10-Markschein glücklich? Oder ein Hunderter oder Tausender oder Zehntausender – oder gar erst eine Million Mark? Und wenn er Bill Gates heißt, vielleicht erst 10 Milliarden Dollar? Sicher gibt es für jeden Betrag passende Menschen dazu. Was heißt das nun wieder? Doch nichts anderes, als dass die Höhe bzw. die Quantität von der Person abhängt. Herr Leisler Kiep wird bei einer Million auf seinen Konten noch nicht stutzig, aber ich schon.

Aber wie kann man denn nun bei so unklaren Verhältnissen Glück irgendwie beschreiben? Wie war das mit den drei jungen Leuten da drüben? Die wollten unbedingt den Zug noch erreichen, haben ihn auch gerade noch erreicht und waren glücklich, wenn auch nur ein paar Minuten. Also, ist Glück die Erfüllung eines akuten, wichtigen Wunsches, dessen Erfüllung auf der Kippe stand. Stimmt das wirklich? Das stimmt, denn Leute, denen die Lava des Ätnas gerade das Haus zerstörte, sind trotzdem noch glücklich, dass sie mit dem Leben davongekommen sind. Es hätte ja in der Tat auch alles noch viel schlimmer kommen können. Kam es aber nicht, also – haben sie Glück gehabt. Glück im Unglück, wie man dann so schön sagt.

Nun wollen wir aber mal noch dem Gedanken nachhängen, wie man zu möglichst viel Glück im Leben kommt.

Achtung, hier muss ich wieder aufpassen, denn die noch viel schwerere Frage nach dem Sinn des Lebens kann ich bestimmt bis Neustadt nicht lösen.

Also, wie kann ich möglichst viel Glück erleben? Das Problem ist, immer wenn es eingetroffen ist, ist es auch schon wieder zu Ende. Das heißt doch nichts anderes, als dass man Glück gar nicht festhalten kann. Aber einen Dreh gibt's ja doch: Wenn man das Glück in kleine Stücke teilt, kann man sich öfter dran erfreuen. Voraussetzung ist, dass man seine Hoffnungen vorher nicht zu groß gemacht hat.

Also immer kleine Schrittchen, die gut erreichbar sind, und dann kann man sich immer wieder neu dran freuen. Es gibt noch einen kleinen Dreh:

Das ist das Teilen. Wenn man ein paar Freunde hat, die sich mit freuen können, wird die Freude und das Glück einfach größer.

Irgendwie bin ich jetzt ein bisschen zufriedener als in Ludwigshafen. Aber eben kommt mir der eigentliche Leitgedanke zum Glücksverständnis: **Der Weg zum Glück ist das Ziel, nicht das Ziel selbst.** Denn der Weg durchläuft viele kleine Teilerfolge, die alle Glück bedeuten können.

Wir steigen aus und laufen über der Bahnhofsplatz in Neustadt. Ich höre gerade noch einen der drei jungen Leute: „Super, der Bus steht auch noch da, heute haben wir einen Glückstag!“

Ich hatte auch einen, denn das war noch die fehlende Bestätigung meiner Überlegungen.

Glücklicher Neuhofener

Ich bin glücklich. Warum?

1. Ist heute schönes Wetter und ich bin fast gesund.
2. Ich habe eine liebe Freundin.
3. Mein Sohn ist heut mit dem Fahrrad aus Frankfurt hier.
4. Meine Tochter ist gesund.
5. Die Enkel und ihre Eltern gestalten ihr Leben.
6. Ich bin weder reich noch arm; beides freut mich.

Ich hoffe, dass ihr auch alle glücklich seid oder werdet.

Grexit

Grexit ist ein furchtbares Wort.
Wenn man das hört, möchte man fort.
Es gab so viel Treffen und so viel Worte,
viel kluge, auch von der harten Sorte.

Millionen verflogen, Milliarden verzockt.
Und all das haben Menschen verbockt.
Nicht in Minuten, über Jahre lief das!
Und jetzt läuft es über, das griechische Fass.

Tausende haben die Finger im Dreck!
Nur durch sie sind die Milliarden weg.
Ich glaube, dem Land kann man erst vertrauen,
wenn alle den Tätern auf die Finger hauen.

Guten Morgen

„Guten Morgen“ sagen, wurde ich als Kind belehrt,
sei falsch und verboten und verkehrt.
„Heil Hitler“ heißt der neue Gruß.
Das musst Du können, egal, wie abstrus.
Das war der Gruß für einen Massenmörder,
und die Menschen benutzten diese Wörter.
Millionen Tote hat Hitler verursacht.
Wie blöd sind die Menschen. Wer hätte das gedacht?!
Dass ein ganzes Volk solche Fehler macht.
Wir wollen nie mehr so einen Sieg,
und der Preis muss lauten durch keinen Krieg!

Hallo Po

„Hallo Po, was drückst du da?“
„Ich mache Puh, tiralala.
Die ganze Luft aus meinem Haus,
die muss jetzt weit ins Freie raus.“
„Du weißt genau, sie darf nicht stinken!
Sonst würden alle Nachbarn winken!“
„Mein Abgas riecht nach keinen Funken.
Ich hab’s perfekt bei mir entstunken!“

Hausbau

Endlich bist Du im Krankenhaus entlassen
und hinter Dir warten noch Menschen in Massen
Sei froh, dass Du mit blauem Auge
Entkommen bist der Krankheits-Lauge.
Bau kleine Häuser, freu Dich dran!
Ein kleines Haus, aber's ist Dein!
Als fast Gesunder ziehst Du jetzt ein!

Hausverkauf

Einst wollte ein Mann sein Haus verkaufen.
Er brauchte dazu auch nicht viel zu laufen.
Eine Maklerin übernehme das voll.
Das schien ihm wirklich alles toll.

Da kamen da Leute mit kritischen Blicken
und peinlichen Fragen, nicht zum Erquicken.
Wie alt ist der Ofen, wie alt ist das Dach?
Und wie weit ist es zum nächsten Bach?

Und dann war da noch ein guter Freund,
der viele kennt und in der Sonne sich bräunt.
Der hat auch ein' Freund, einen besonders reichen.
Der würde mal sein Haus mit meinem vergleichen.

Die Aufregung war mir nach kurzem zu viel.
Ein neuer Gedanke ist jetzt mein Ziel:
Ich bleibe weiter im Haus jetzt wohnen
und werde meine Nerven schonen.

HELICOBACTER

Was heißt eigentlich HELICOBACTER?
Etwa das: Die Sonne, die packt er?
Dann wär's ‘ne Sonnencreme-Reklame.
Werbemäßig kein schlechter Name!

Aber das stimmt nicht. Es sind Bakterien,
vielleicht aus dem Urlaub oder den Ferien?
Keiner weiß so richtig, woher.
Aber denen gefällt unser Magen sehr.

Die fühl'n sich wohl und wir leiden Schmerz.
Für uns ist es leider kein harmloser Scherz.
Da hilft nur eines: zum Arzt am Ort!
Der macht mit Bakterien dann Massenmord.

Heros der Akademikerinnen

Zunächst mal stolperte meine Idee am Namen. Heros ist ein Halbgott der Griechen und klingt männlich – oder sächlich, aber überhaupt nicht weiblich. Ich wollte aber nun über eine heldenhafte Akademikerin berichten. Hera geht leider auch nicht, denn das ist die Frau von Zeus. Also, was soll's. Dann bleibe ich eben bei Heros für meine Heldin.

Es handelt sich nämlich um meine liebe Zahnärztin. Die hat mir vom ersten Tag an gefallen wegen ihrer sachlichen Korrektheit und freundlichen und kraftvollen Behandlung, die man ihr bei ihrer eher zarten Größe gar nicht zutraut.

Außer schon fixierten Lobeshymnen komme ich jetzt auf eine ihrer für mich gar nicht so einfach in passende Worte zu fassenden Taten zurück, die es unbedingt verdienen, der Nachwelt schriftlich erhalten zu werden. Üblicherweise erwartet man von seinem Zahnarzt oder hier -ärztin, dass einem mit allen Zahnproblemen möglichst schmerzarm und lange haltend geholfen wird. Dass das aber auch mal ganz anders aussehen kann, davon berichte ich jetzt.

Meine Frau leidet leider schon viele Jahre an Demenz und ist nun schon die ersten Jahre in einem Heim zur Pflege, weil ich das daheim nicht mehr schaffe. Nun hatten wir beide mit Zahnkrankheiten bei ihr Glück, denn wir brauchten lange keinen Zahnarzt. Aber dieser lange anhaltende Zustand endete zunächst einmal damit, dass die Hilfskräfte meiner Frau mir berichteten, dass die Gebissentnahme bei meiner Frau zwar noch einigermaßen klappt, aber der Rückeintrag so schwierig sei, dass Verletzungsgefahr bestünde.

Ich sprach darüber mit meiner Zahnärztin, die sich erfreulicherweise dazu auch die erforderliche Zeit nahm. Ihre Empfehlung lautete: das Gebiss einfach weglassen und keine weitere Behandlung vornehmen. Voraussetzung ist natürlich, dass keine Entzündung vorliegt. Da dem so war, musste ich erst einmal schlucken, denn selbstverständlich änderte das auch ihr Aussehen. Und geht das überhaupt, denn ein Gebiss tat ja auch etwas Gutes: Es zerkleinert die Mahlzeiten. Da konnten mich die Helferinnen beruhigen. Sie können die Mahlzeiten so schluckfähig zerkleinern, dass dadurch kein unlösbares Problem entsteht. – Also stimmte ich dem Prozess schweren Herzens zu. Ja und was ist, wenn nun die restlichen Zähne Probleme machen oder ausfallen? Da beruhigte mich die Ärztin: Bei Entzündungen müsste sie in die Klinik und unter Vollnarkose behandelt werden. Aber ohne Entzündung bleibt sie ohne Quälerei.

Und dann erhielt ich noch vertraulich die Information, dass meine Ärztin schon eine andere, ältere Patientin ähnlich auch nicht behandelt hatte.

Und ich will den guten Zustand meiner Frau vorwegnehmen: Es geht ihr diesbezüglich gut. Sie ist schmerzfrei und hat keine Probleme mit ihren Zähnen. Die Mahlzeiten sehen inzwischen Babynahrung sehr ähnlich, sind aber gut zu füttern. Natürlich weiß ich, wer die andere Patientin ist, aber selbstverständlich gebe ich diese Information nicht weiter. Für mich war die Mitteilung eine wichtige Hilfe zu meiner Zustimmung für die „Nulltherapie".

Ich finde das ganz toll, dass jemand zugunsten der Patienten auf eine sehr wohl denkbare, aber quälende Behandlung verzichtet. Wer das tut, ist für mich ein Held des Tages oder etwas schöngeistiger ein Heros. Ich bedanke mich für diese ganz liebe und erfolgreiche Zurückhaltung! Vielleicht könnten auch Chirurgen daraus etwas lernen.

Herz-OP

Vor kurzem hört' ich, ach Gott herrje,
ich brauch im Herzen 'ne OP.
Die eine Klappe klappt nicht zu,
und das macht Ärger immerzu.

Im Geiste sah' ich sie schon nahen,
wie sie mein Brustbein sich besahen.
Im Hintergrund die Messer wetzen
und die Geflügelschere setzen.

Doch alles kam anders, ne neue Methode
wird in der Herzchirurgie jetzt Mode.
Man kann mit Drähten und mit Zangen
auch durch die Adern ins Herz gelangen.

Dein Herz pumpt zwischendrin froh und heiter
das Blut ohne Pause einfach weiter.
Der Arzt sieht alles überall,
3D sogar mit Ultraschall.

In drei, vier Tagen ist alles vorbei,
abgehakt, geheilt juchhei!
Es ist nicht zu glauben, dass so was geht.
Es ist aber wahr, wie ihr an mir seht.

Ich bin des Dankes und Lobes voll.
Dass so was geht, ist wirklich toll!

Himmels Weiß

Mancher Vogel fliegt oft leise
ganz besonders kleine Kreise
und im Zentrum macht es „klack“
und dann macht er einfach „kack“.

„Heut’ bin ich gut und nicht besoffen
und hab’ den Menschen glatt getroffen.“
„Das ist nicht des Himmels Weiß“,
meint der Betroffne, „eh’r Vogelscheiß!“

Hosenschlitze

Wenn junge Mädchen Schlitze in den langen Hosen haben, heißt das, dass man sie dort streicheln kann und noch dazu sagen kann: „Sie haben aber hübsche Beine!“ Seit heute trage ich mal kurze Hosen und das ganze Knie guck heraus. Aber noch hat keine Frau mich gestreichelt und auch nicht gesagt: „Sie haben aber hübsche Beine!“ Anscheinend mache ich da etwas verkehrt.

Hubschrauber

Ein Hubschrauber ist großer Mist,
weil Du immer nur draußen bist.
Ich tät so gerne wolkenwärts fliegen
und mal auf Wolke Sieben liegen.
Denn über den Wolken die riesige Weite
ist besser wie Kassen, die leider bald pleite.
Mir bleibt nur eins: Den Geist fliegen lassen.
Da kann ich noch aus dem Vollen prassen.

Hygienikerinnen

Sieht die Putzfrau einen Fleck,
nimmt sie ein' Lappen und wischt ihn weg.
Für sie sind das ganz klare Sachen:
Wo Dreck ist, muss man sauber machen.

Hygienikerinnen mit vollem Studium
beurteilen das aber als Bakterienfluidum,
denn „sauber" ist für sie nicht steril.
Der Boden ist nicht tot. Da lebt noch viel.

Und von den Bakzillen gibt es solche und solche.
Manche sind gut, andre böse Molche.
Mit Mikroskopen kann man sie sehen,
wie sie grad so leben oder untergehen.

Hygiene ist eine Welt voller Wunder.
Das Meiste ist gut, doch manches ist Plunder.
'S gibt unabhängig von unserem Willen
außer bösen auch nützliche Bakzillen.

Den Hygienikerinnen seien Fehler verziehen,
denn sie verhindern auch Epidemien.
Ohne sie gäbe es große Not,
vielleicht wären wir alle sogar schon tot.

Egal, was Du denkst, Hygiene muss sein,
sonst gehen zu viele bei OPs noch ein.
Es soll ja auch noch Hygieniker geben.
Die sollen halt auch noch gut leben.

IBUPROFEN

Hast Du mal Schmerzen, schon lange Zeit,
quälst Dich herum und tust Dir selbst leid,
dann ist Dir meistens alles egal!
Starke Schmerzen sind echt eine Qual!

Dir hilft nur eines: IBUPROFEN.
Dann kannst Du langsam die Welt wieder seh'n.
Dein Leben wird schöner und kleiner die Last.
Die Schmerzen sind weg, na jedenfalls fast.

Ilse Tausendsassa

Ilse kommt und Ilse geht.
Ilse fährt Auto, bis es steht.
Ilse ist ein Tausendsassa
Ilse ist ein Superass.

Im Heim

Ihr seid im Heim. Und seid Ihr glücklich?
Ich frag' Euch direkt und ziemlich ausdrücklich.
Sagt Ihr: „Ja!", lass ich Euch in Ruh'.
Ich freu' mich mit Euch und gratuliere dazu.

Sagt Ihr: „Nicht ganz!", sag' ich: „Na und?"
Ich mein', das ist kein schlechter Befund.
In jedem Leben, ob draußen, ob hier,
gibt's mal Wasser, mal Wein oder Bier.
Auf Regen folgt Sonne, so wird's immer sein.
War die Suppe mal fad, gibt's hinterher Wein.

Sagt Ihr: „Mir gefällt hier vieles nicht!"
Das wär ein Fall, der hätte Gewicht.
Da müsst Ihr sagen, wo der Schuh drückt.
Ich bin überzeugt, dass 'ne Besserung glückt.
Sprecht hier drüber mit dem Personal,
am besten gleich nach dem Mittagsmahl.
Ihr werdet sehen, auch die wollen alle:
ES SOLL EICH ÄFACH HIER GEFALLE!

Impfen

Impfen, impfen, impfen, impfen!
Immer nett sein! Niemand beschimpfen!
Und hast Du überlebt das ganze Theater,
geh'mal dankbar ins Theater!

Interview mit Jesus

Über Engel habe ich schon an anderer Stelle geschrieben. Hier ist mein Interview mit Jesus als Engel bei mir.

„Hallo, weshalb habe ich die Ehre, dass du mich besuchst?"

, Du hast so viele Fragen an mich und die will ich dir gerne beantworten."

„Erste Frage: Was soll der Unfug, dass du das Kind der Jungfrau Maria bist?"

„Als Johannes Maria kennenlernte, erfuhr sie das Glück der Liebe. Vorher war Maria sicherlich Jungfrau. Als sie schwanger war, natürlich nicht mehr. Ihr wurde aber durch einen Engel angekündigt, dass diese Schwangerschaft etwas Besonderes ist, denn Gott wollte Vater eines realen Menschen sein. So kommt es, dass ich nur eine Mutter, aber zwei Väter habe, Johannes der Menschenvater und Gott, der geistige. Die Sternzeichen am Himmel waren astronomischer Zufall, der von gottgläubigen Menschen interpretiert wurde"

„Zweite Frage: Ich habe in der Bibel und Lexika festgestellt, dass Angaben nach dem Erwachsenwerden über einige Jahre von dir fehlen. Wo warst du da und was hast du gemacht?"

„Es war Gottes Wille, dass ich als junger Mann ins nahe gelegene Ausland gehen sollte, um andere Menschen, Berufe, und Sprachen kennenzulernen. Und das habe ich getan."

„Deutsch hast du aber nicht gelernt?"

„Damals nicht. Nach ein paar Jahren sollte ich in meine alte Heimat zurückkehren."

„Langsam, hattest du auch Freundinnen?"

„Ja, aber damals ging man nicht so schnell ins Bett. Es gab noch keine guten Verhütungsmittel!"

„Aber du hast mit einer oder mehreren Frauen geschlafen?"

„Ja."

„Vielleicht hast du Kinder gezeugt?“

„Ich weiß es nicht. Mein Lebensweg hat sich von den Frauen getrennt. Falls es zu Kindern gekommen wäre, wünsche ich ihnen alles Gute und Gottgläubigkeit.“

„Danke.“

Interview mit Jesus, Nummer 2

„Hallo, da bist du wieder, ich freue mich!“

„Wie es dir geht, weiß ich schon, aber deine Fragen will ich dir wieder gerne beantworten.“

„Hat das Weltall eine Form und wie groß ist es?“

„Das Weltall breitet sich in allen drei Dimensionen aus; Breite, Länge, Höhe.“

„Und wie groß ist es?“

„Unendlich groß.“

„Gab es mehr als einen Urknall?“

„Ja, viele. Es fehlen euch Menschen noch Kenntnisse weiterer astronomischer Gesetze. Aber die werdet ihr noch erforschen. Weißt du, die Menschen geben viel zu viel Geld aus für unnötige Dinge. Ich denke an den Krieg. Wenn das Geld für Heere und Waffen für Forschung und Vergnügen da wäre, hätten alle Menschen ein besseres Leben. Ich nenne dir nur mal ein Beispiel aus der Historie. Vor 500 Jahren hätte ein Brief in ein fernes Land Monate gedauert. Heute kann jeder per Telefon oder E-Mail in wenigen Sekunden jeden Menschen auf der Erde informieren. Und wenn die Kernfusion besser beherrschbar wäre, dann stünden Energiemengen wie auf der Sonne in riesigem Umfang für alle zur Verfügung. Heute verlasse ich dich mit der Bitte oder dem Auftrag, dass du überlegst, was du gegen Krieg und für ewigen Frieden tun kannst. Ich bin sicher, dass dir etwas Gutes einfällt. Auf wiedersehen!“

Interview mit Jesus, Nummer 3

„Hallo, heute komme ich ungebeten. Was hast du getan zur Kriegsverhinderung?“

„Hallo, ach so, ich habe ...“

„Ich weiß es schon, was du getan hast, und das ist gut so. Wenn alle Menschen so denken würden, gäbe es keine Kriege auf der Erde. Die Intelligenz der Menschen ist erstaunlich, Noch vor wenigen Jahren dauerte ein Brief zu einem fernen Ort Monate. Heute kann jeder Mensch für wenig Geld jeden anderen Menschen auf der Erde anrufen oder anfunken. Wer hätte das ahnen können? Und es wird weitere erstaunliche Einrichtungen in Zukunft geben, die ihr euch heute noch nicht vorstellen könnt. Ich danke dir. Hast du noch Fragen?“

„Vielleicht eine noch: Ist die Corona-Erkrankung ein Werk Gottes?“

„Nein. Corona ist entweder auf biologischem Wege freiwillig entstanden oder durch Fahrlässigkeit von Menschen verbreitet worden, aber Gott hat sie nicht veranlasst.“

„ Danke und vielleicht auf Wiedersehen?“

Interview mit Jesus, Nummer 4

„Hallo, du hast wieder Fragen."

„ Ja, aber es sind zwei schwere Fragen."

„Ich kann und will sie Dir gerne beantworten."

„Gibt es den Teufel und gibt es Gott?"

„Und das fragst du mich, obwohl ich Gottes Sohn bin? Aber fangen wir mit dem Teufel an. Es gibt keinen Teufel und keine Hölle."

„Wieso reden dann so viele Leute über den Teufel und die Hölle?"

„Das hängt mit dem Personifizierung der Menschen zusammen. Für alle Menschen ist ein böser Mensch leichter vorstellbar als eine lange schwierige Diskussion über Recht und Unrecht. Wenn man sich alle Unrechte dieser Welt auf einer Person vorstellt, ist das leichter zu verstehen. Also haben die Menschen den Teufel erfunden, der alles, was verboten ist, tut. Dazu kommt sein gedachtes schreckliches Aussehen. Körper und Pferdefuß und dunkle Kleidung passen gut dazu. Und natürlich auch noch die Hölle, in der Sünder bestraft werden. Da wir als Menschen alle gute und böse Taten vollbringen, kann man leicht verständlich sagen: Ein böser Mensch ist wie ein Teufel. Auch wenn es ihn nicht gibt. Nun zu Gott. So wie die erfundene Person für böse Taten, gilt das Gleiche für die gute Taten. Derjenige, der nur Gutes tut, ist Gott. Das ist gut verständlich für jeden Menschen. Auf die Frage, wie sieht Gott aus und wo wohnt er, kann ich dir nur eine nicht so leicht zu verstehende Antwort geben. Gott sieht so aus, wie du ihn dir vorstellst. Denn so ist es leichter, über ihn nachzudenken. Und wo wohnt er? Überall, wo Recht und Ordnung herrschen sollen. Und da wir alle von Gott übergeordnete Voraussicht erwarten, erhoffen wir langfristige Antworten hoher Intelligenz vom ihm. Ich glaube an Gott in einer überdimensionalen Dimension, die uns Menschen übersteigt. Wenn du wieder Fragen hast, frage. Ich werde immer eine Antwort für dich haben."

Ihr Leute, lasst die Piekser ruh'n

Tattoos entfernen macht nicht fideler.
Vergesst es nicht. es war Euer Fehler.
Ich mag lieber Frauen ohne Tattoo,
in schicken Sachen, einschließlich Dessous.

In Würzburg

Es gab einst eine Frau in Würzburg, wo Röntgen seine Strahlen entdeckt hat. Die lachte so gerne und herzlich, dass keiner ahnte, dass sie auch oft allein ein bisschen traurig den Tag absaß.

Eines Tages, ihr Freund war gerade zu Besuch da, stand plötzlich ein großer Mann mit dunkler Stimme vor ihr und sprach sie freundlich an. Vielleicht war es der Erzengel Gabriel, der Menschen hilft, gewesen sein. Vielleicht aber auch nicht. „Du bist oft traurig, weil das Schicksal dir schon zwei liebe Familienmitglieder geraubt hat: deinen lieben Ehemann und deinen lieben Sohn. Beide durch Krankheit. Zuerst lass dir sagen, du bist nicht schuld daran. Beide müssen letztendlich ihre Krankheiten selbst verantworten. Du bist Krankenschwester und hast ihnen oft Gutes getan. Aber nun zu deiner Traurigkeit. Steh auf und komm mit mir!"

„Ich auch?", rief der Freund.

„Du auch!"

Und sie gingen über die „Säuferbrücke" am Main. Dort ist am Ufer eine Gaststätte, die auch Wein und Sekt verkauft.

„Jetzt", sprach der Besucher wieder, „jetzt sprecht ihr drei Menschen so an: Hallo, geht es euch gut? Und wenigstens ein Mensch wird sich mit euch weiter unterhalten."

Sie taten es und genauso war es auch. Einer erzählte sein halbes Leben und dass er aber hier immer wieder Kontakte und Mut zum Weiterleben findet.

Als sie daheim ankamen, war der freundliche Mann wieder da. „Und, habt ihr etwas gelernt?"

„Ja",war die Antwort und bei diesem Wort war der Besucher wieder verschwunden.

Nie allein bleiben, heißt die Lösung. Schon die alten Römer wussten: Homo est zoon politicon. Der Mensch ist ein gesellschaftliches Wesen!

Journalisten

Ein Journalist fragt sich bisweilen:
„Wie finde ich die besten Zeilen?“,
und fragt sodann mit dem Betreff
entschlossen auch mal seinen Chef.

„Das ist so einfach, dass du lachst“, meint der.
„Ich zeig dir’s, wie du’s machst!
Teil auf das Wort in seine Teile
und lies es dann, doch ohne Eile!

‚Jour-na-List’ beschreibt den Tag,
klipp und klar und Schlag auf Schlag.
Doch wie? Ja, wie gesagt, mit List!
Ein bisschen trickreich, doch wie’s ist!

Ein Beispiel geb’ ich dir dafür.
Du kriegst dann selbst bald ein Gespür.
Braucht eine Sache mal drei Tage,
stellst du dir ganz schnell diese Frage:

Ist das schlimm oder ist das gut?
Und dann schreibst du mit etwas Mut:
‚Ganz schlimm, drei lange Tage ...’ mit Würze
oder ‚wenige Tage ...’ in voller Kürze.“

Das half dem Journalisten viel.
Er änderte sein’ Schreiberstil.

Trotzdem gilt aber weiterhin,
viel leichter hat's die Journalist<u>in</u>.
Sie schreibt immer gut, hat nichts zu klagen
und braucht auch keinen Chef zu fragen.

Der Name sagt's schon ohnehin:
Die Journalistin ist immer ,in'.

Kartoffelsuppe und Datenschutz

Guten Tag, meine Damen und Herren.

heute spreche ich über die Herstellung von Kartoffelsuppe. Ich muss Sie aber gleich eingangs darauf hinweisen, dass wir gerade erst in einer Belehrung zum Datenschutz erfahren haben, was wir noch mitteilen können und was nicht.

Also der Name ist nicht geschützt. Ich heiße Kurze. Der Vorname ist auch nicht geschützt, obwohl der schon viel vertrauter ist. Also, ich heiße Werner.

Ich will mal als Beispiel für geschützte Daten meinen Geburtstag am 19.04. nennen. Den darf ich nicht mehr öffentlich verwenden. Ich darf noch nicht mal mehr sagen, ob ich ein Mann oder eine Frau bin. Das müssen Sie nun ab sofort selbst erraten. Aber „Frau Werner“ gibt's, glaube ich, gar nicht.

Nun zur Kartoffelsuppe. Der Hauptbestandteil ist Wasser. Das ist, glaube ich, nicht geschützt. Na ja, wissen Sie, die Durchführungsbestimmungen für solche Gesetze dauern manchmal Jahre, und der Duden vom vorigen Jahr hat 27.000 Worte. Bis die durchgearbeitet sind beim 8-Stundentag und den fehlenden Beamten, das dauert. In der Zeit hat Putin vielleicht inzwischen die ganze Ukraine übernommen. Der hat halt keinen Duden.

Zurück zur Kartoffelsuppe. Ich weiß zwar, dass Kartoffelsuppe aus Mineralwasser besser schmeckt als mit Leitungswasser, aber das darf ich sicher zum Schutz der Kartoffelsuppen-Daten nicht mehr sagen.

Also, als ernährungsmäßig wichtiger Bestandteil werden ... ja, wie sag ich das mal? ... so runde bis ovale und braune Kugeln aus natürlichen Kohlehydraten verwendet. Die werden dann in Wasser gekocht und ein Esslöffel voll flüssiges oder festes Fett zugegeben. Aber zur Sicherheit teile ich Ihnen die genaue Temperatur lieber nicht mit. Zum besseren Geschmack fügt man noch ... so Zusätze dazu ... damit es eben besser schmeckt. (Leise:) Wenn auf der Tüte Kartoffelsuppengewürz steht, können Sie das ohne weiteres verwenden.

Ich habe Ihnen das datenschutzsichere Rezept mitgebracht: Herstellung von Kartoffelsuppe von Werner Kurze

Man kocht runde bis ovale, braune, natürliche Kohlehydratkugeln mit einem Esslöffel Fett in Wasser aus Flaschen und fügt geschmacksverbessernde Zusätze dazu.

Guten Appetit.

Kindergeschichte vorm Wundschmerz

Na, ihr habt sicher auch schon mal ganz blöde Schmerzen gehabt, oder? Das ist ganz blöde so. Wenn man sich weh tut, hört der Schmerz oft nicht gleich auf, sondern plagt uns weiter. Egal, ob wir uns gestoßen oder eine Schramme zugezogen haben oder dass ein Mückenstich einem keine Ruhe gibt. Am wehesten tun natürlich Brüche weh.

Aber wie gut das tut, wenn die Mama oder der Papa abends ans Bett kommt und einen tröstet. Oder man muss noch mal eine Tablette schlucken.

Und wusstet ihr schon, was die Schmerzen überhaupt nachts machen? Nein, ich erzähl es euch. Also wenn ihr allmählich beim Einschlafen seid, verschwinden alle Schmerzen. Und wisst ihr, warum? Sie lösen sich über Nacht von euch und fliegen auf den nächsten größeren Baum. Dort unterhalten sie sich lustig und trinken Kaffee dabei. Gegen Morgen kommen sie zurück und sind entspannt und nicht mehr so stark wie gestern. Ich wünsche euch allen gute entspannte Nächte und schlaft euch gesund.

Kleine Schrift

Was bin ich doch ein armes Wesen!
Ich kann kleine Schrift nicht lesen!
Hundertmal hab ich's probiert
und den Tanz um Kleinschrift vollführt.
Kleinlaut suche ich dann mir ein Ohr:
„Lies' mir das mal bitte vor!“
Nicht alle Lupen helfen mir.
Nur gute machen lesbars Papier.

Und telefonieren ist ein Graus;
mit kleinen Zahlen kenn ich mich nicht aus!
Am besten ist, mein Partner spricht.
Dann haben alle Worte wieder Gewicht.

Krieg

Tote, Tote, Tote, Tote.
Das ist der Krieg. Das ist der Krieg!
Und zusätzlich viele Verletzte!
Und es gibt keinen Sieg!

Alle die Toten wollten alle leben.
Wann wird es endlich Frieden geben?
Bleibt friedlich und liebt euch einander.
Dann wären wir glücklich miteinander.

Kurfürst Friedrich von der Pfalz

von August Schuster

1. Wütend wälzte sich im Bette
Kurfürst Friedrich von der Pfalz.
Gegen alle Etikette
Brüllte er aus vollem Hals:
:Wie kam gestern ich ins Bett?
Bin, scheint's wieder voll gewest!
2. Na, ein wenig schief geladen,
grinste drauf der Kammermohr,
selbst von Mainz des Bischofs Gnaden
kam mir auch benebelt vor.
:'s war halt ein schönes Fest,
alles wieder voll gewest!
3. So? Du findest das zum Lachen?
Sklavenseele, lache nur!
Künftig werd ich's anders machen,
Hassan, höre meinen Schwur:
:'s letzte Mal bei Tod und Pest, war es,
dass ich voll gewest!
4. Will ein christlich Leben führen.
ganz mich der Beschauung weih'n
um mein Tun zu kontrollieren,
trag ich's in mein Tagbuch ein:
:Und ich hoff: dass ihr nicht lest,
daß ich wieder voll gewest!
5. Als der Kurfürst kam zum Sterben,
machte er sein Testament.
Und es fanden seine Erben
auch das Buch in Pergament.
:Drinnen stand auf jeder Seit:
seid vernünftig liebe Leut!

Dieses geb ich zu Attest:
Heute wieder voll gewest!

6. Hieraus kann ein jeder sehen,
was ein guter Vorsatz nützt,
und wozu auch widerstehen,
wenn ein voller Becher blitzt!
:Drum stoßt an! Probatum est:
Heute wieder voll gewest!

Kurzlebenslauf

Zum Leben erkoren,
geboren.

Schule besucht,
Lehrer verflucht,
geschafft, aber unbetucht.

Beruf gelernt,
von daheim entfernt.

Wenig geraucht.
Geld verbraucht.

Heirat, Kind, keine Orden,
aber vernünftig geworden.

Gespart, bejahrt.

Familie, Auto, Haus;
Applaus!

Alt geworden,
kleine Orden.

Krank, unverdorben,
gestorben.

Fertig, aus.

Lange Weile

Lange Weile ist langweilig
und müde macht sie noch dazu.
Das einzig Gute ist an ihr:
Sie regt nicht auf und gibt dir Ruh'.

Lange, überlange Weile
vergeht nur langsam ohne Eile.

Lebenslauf

(Mischung aus Beiträgen verschiedener, nicht namentlich genannter Autoren im Internet und eigenen Textteilen)

Als ich geboren wurde, war gerade niemand zu Hause. Meine Mutter war in der Klinik und mein Vater holte Kartoffeln auf dem Feld. Das war nicht unser Feld, aber wir holten da immer Kartoffeln.

Ich war schon als Kind semmelblond. Das passte gut zu meinen schwarzhaarigen Eltern.

Ich bin nicht alle Kinder, die wir haben. Wir waren sieben Jungs. Die hießen alle Karl, nur Franz hieß Heinz.

Meine Mutter brachte mich schon früh auf die Sonderschule. Mein Vater meinte dazu: „Na ja, wenn der Junge das Zeug dazu hat."

Weil ich oft allein war, griff ich schon früh zur Flasche. Und hatte Glück. Es war eine Spätlese. Seitdem wird bei mir der Alkoholgehalt im Blut nicht in Promill, sondern in Prozent gemessen. Beim Bier trinken habe ich 3 %, bei Schorle 5 % und bei Wein 10 %. Bei Schnaps wird immer nur angezeigt über 10 %.

Wir waren eine intelligente Familie.

Karl 1 ist in der Uni Heidelberg. Er steht dort in Alkohol, weil er zwei Köpfe hat.

Karl 2 geht mit einem alten Mantel ins Café und kommt mit einem neuen raus.

Karl 3 hat selbst schon Zwillinge. Die sehen sich sehr ähnlich, besonders der eine.

Karl 4 war der Liebling der Lehrer. Sie behielten ihn immer drei Jahre in der gleichen Klasse. Mit 30 ist er dann in Frührente gekommen.

Karl 5 durfte in der vierten Klasse schon rauchen. Er war ja auch schon 18.

Bei schlechten Zeugnissen bekamen wir den Hintern mit

dem Teppichklopfer versohlt. Bei guten gab es ‘ne Münze für die Sparbüchse. War die voll, wurde ein neuer Teppichklopfer gekauft. Kam aber selten vor.

Plötzlich fragte mich mein Vater: „Na, was willst du denn mal werden?“

Ich antwortete fließend: „Reich mit wenig Arbeit.“

Ich wurde Politiker. Da muss man nichts können und nur immer richtig abstimmen. Die andern sagten immer: „Wir nehmen Karl 6. Der macht am wenigsten und deshalb nichts verkehrt.“

Mein Arzt hat mich mal gefragt: „Gibt es bei Ihnen auch etwas, was schnell geht?“ – „Ja“, war meine eloquente Antwort, „ich werde immer schnell müde.“

Ich fahre öfter mit der Bahn nach Berlin zum Regieren. Neulich habe ich die Bundesbahn bewundert und sagte zu dem Mann gegenüber: „Da kann man doch staunen. Sie fahren von Berlin nach Ludwigshafen und ich von Ludwigshafen nach Berlin, und wir sitzen im gleichen Abteil.“

Ein anderes Mal zählten wir durchs Zugfenster die Schafe auf dem Feld. Ich hatte als erster 62 gezählt.

„Wie haben Sie das so schnell geschafft?“, fragte mein Nachbar.

„Ganz einfach. Ich zähle die Beine und teile durch 4.“

Ich kenne drei Päpste: Den katholischen, den evangelischen und Karl 6, den Bierpapst wegen seinem dicken Bauch.

In letzter Zeit bin ich sehr vergesslich. Wenn ich mir heute 100 Euro leihe, weiß ich morgen schon nicht mehr, von wem.

Gestern ließ ich mich auf der Straße stehen. Ich ging einfach weiter. Dann tat ich mir aber leid und wollte mich wieder mitnehmen. Als ich mich umsah, war ich aber schon weg.

Hier im Irrenhaus hat man mir erklärt, wie das kam.

Nun bin ich bei euch gelandet. Hier ist es ja auch ganz schön, oder?

Franz, genannt Heinz

Leitern

Eine Leiter hat zwei Seiten.
Die Neugier treibt uns hoch zu steigen.
Doch macht den Fernblick zu Episoden.
Die Basis für von allem beginnt am Boden!
Am besten bleibt unten und ernährt euch redlich.
Seid fleißig und nett und immer beweglich!!

Lil und Lola

Lil und Lola waren zwei,
wohlbekannt durch Alberei.
Rüpelig war'n sie dazu.
Diesen Zwei'n war nichts tabu.

Vor einer Woche lud man eifrig
bei unsern Bäcker Egon Fleißig
am Hintereingang frisches Mehl.
Die Lil und Lola sehn's fidel.

Lil guckt listig und mit Grips.
Dann sagt sie: „Ich hole Gips."
Niemand darf sie jetzt erwischen,
weil sie Gips ins Mehl einmischen.

Bald schon rührt Bäcker Fleißig.
Sein Gesicht wird blass und eisig.
Gleich verliert er die Fasson:
„Der Teig ist hart und wie Beton!"

Lil und Lola schau'n zu zweit
und den'n tut das nicht mal leid.
Doch Herr Fleißig schimpft ganz laut:
„Wer hat diesen Mist gebaut?!"

Oh, oh, oh, - wer so was macht,
sicher nicht mehr lange lacht.
Lil und Lola war'n gemein.
Einmal fliegt ihr selber rein!

Am nächsten Morgen, früh um acht,
hat sich Lil was ausgedacht.
Sie kauft viele Mäuse ein
und steckt sie in ein'n Käfig rein.

Dann sieht man sie mit vielen ander'n
und Lola durch die Straßen wandern.
Auch die Mäuse sind dabei.
Was gibt das für Kinderei?

Am Arbeitsamt macht Lil dann Halt,
und Lola folgt im Hinterhalt.
Sie fragt sodann nach Onkel Artur:
Zimmer 17 auf dem Flur.

„Hallo Onkel, schau 'mal her,
du liebst doch alle Tiere sehr.
Ich lass' jetzt diese süßen Mäuse
alle 'raus aus dem Gehäuse."

Oh, da gab es ein Gesause,
durch die Flure mit Gebrause.
Schreie gab es, wie „Banause",
„Grad jetzt in der Frühstückspause!"

Alle rannten durcheinander,
Mäuse auf dem Oleander!
So was gab es hier noch nie.
Alles war in Hysterie.

Selbst der Rat, der grade schlief,
erwacht erschreckt im Aktenmief.
Diesmal war der Spaß recht gut,
weil das Amt nun etwas tut.

Gestern tranken Lil und Lola
bei Tante Thea eine Cola.
Angeregt durch die Getränke,
sannen sie auf neue Ränke.

Thea fischte grad im Teich
nach altem Laub in dem Bereich.
Doch leider war ihr Arm so kurz,
und deshalb droht ihr bald ein Sturz.

Listig ruft die Lola: „Bitte,
hol das Blatt hier aus der Mitte!“
Dann sah man Thea, ohne Winken,
in ihrem schönen Teich versinken.

Lil und Lola lachten sehr,
doch gleich darauf schon gar nicht mehr.
Denn Thea taucht schon wieder auf
mit Auaweh und viel Geschnauf,
in der Hand das Sieb voll Laub.
Weg war’n die Kinder, mit Verlaub.

Hier ha’m sie Schlimmes nun verbockt:
Die Thea in den Teich gelockt.
Doch das wird nicht das Letzte sein,
und einmal fliegt ihr selber ‘rein!

Weiden auf den Wiesen Ziegen,
wollen Vögel fröhlich fliegen,
das Wetter weiß nicht, was es will
dann ist sicher grad April.

Am 30., da habt gut Acht,
ist manchenorts Walpurgisnacht!
Da fliegen Hexen durch die Luft,
wenn ihr Besen richtig pufft.

Für Lil und Lola ist die Zeit
allerbester Zeitvertreib.
Denn sie sammeln alle Tuben,
ganz genau wie freche Buben.

Ob Meerrettich, Tomatenmark,
ob Senf, ob Joghurt, Kräuterquark,
alles kommt in einen Sack,
und den nehm'n sie huckepack.

Nachbarn merken's dann an Klinken,
wenn sie tief im Senf versinken,
oder an Garagentoren
klebend sich durchs Mark erst bohren.

Drauf kommt auch Herr Müller an
und fasst seine Klinke an.
„So 'ne Schweinerei ist das",
ruft er und wischt's ab mit Gras.

Härter trifft's den alten Lempel.
Der verliert vor Schreck sein'n Krempel.
„War'n das Lola und die Lil?",
schreit er laut und furchtbar schrill.

„Den'n werd' ich die Ohren zieh'n
und die Seele hart beknien.
Man ärgert alte Leute nicht!
Das macht doch nur ein Bösewicht!"

Lil und Lola lachen noch.
„Und wir machen's trotzdem doch!"
Wehe, wehe – wehe, wehe,
wenn ich auf das Ende sehe!

Auf einer Messe war ein Mann,
der mit Computern alles kann.
Lil und Lola, diese zwei,
waren auch dort mit dabei.

Schwupp-di-wupp war'n sie beim Tippen,
dummes Zeug noch auf den Lippen.
Großer Crash durch kleine Schleimer!
Die Programme war'n im Eimer.
Der Computer-Forscher-Mann
hat sich sehr geärgert dann.
„Das hat sich wirklich nicht geziemt!",
und hat sie einfach w e g g e b e a m t.

Nun gibt's bloß noch liebe Kinder.
Ich finde: Das ist viel gesünder.

Lügengedicht

Ein schöner, wasserfreier See,
etwa wie der in Gethsemane,
dümpelt, nächtig, in der Sonne
zu des Trockenfisches Wonne.

Da kamen fröhlich Amputierte,
die fesche Schikleidung verzierte.
Sie sprangen basic-froh vom Felsen.
Doch die sind zu klein in Bergenbelsen.

Anstatt des Fallschirms, dummerweise,
öffneten sich Brötchen. Das war ...
Die Schikleidung, ganz neu und echt,
bracht' 80 Euro, auch nicht schlecht.

Und wer's nicht glaubt, der lass' es sein.
Mir fall'n jetzt auch keine Lügen mehr ein

Lumpehofe 150 Johr[1]

Lumpehofe, des is klor,
is jetzt hunnertfuchzich Johr.

Mensch, henn die sich oogeschdrengt
un faschdjedn Rahm'n geschprengt.

Uffn Land un in de Luft
war do Jokus, dass es pufft!

Fernseh, Funk un aach de Presse,
alles do mit Raffinesse.

Un die Mensche hots gefreet.
All warn do, wie mimm Magnet

oogezoche; gute Laune,
prima Schdimmung, do konnschd schdaune.

Liewe Frau Lohse, liewe Anelin:
Herzlichn Dank, mer sinn ganz hin!

---

[1] Dieses Gedicht wurde am 16.07.2003 in „Die Rheinpfalz" vorveröffentlicht

Luxus

Schon das Wort Luxus glänzt allein schon wie eine lupenreine Diamantkette. Wo kommt Luxus vor und für wen gilt er eigentlich?

Er kommt bei allen Menschen vor, mal weniger, mal mehr. Aber Luxus ist nicht eine persönliche Erscheinung. Luxus hat immer eine Relevanz zur Umwelt. Luxus stellt immer eine Frage: Wie wird Luxus von den anderen Menschen beurteilt?

Ich kaufe kein teures Gemälde, um es nachher ganz allein anzusehen. Das müssen andere mittun und wenn möglich, sollen sie noch den Käufer loben.

Gehen wir mal zum Autokauf. Da spielt sich in jedem von uns so etwas ab: Was sagen meine Nachbarn oder mein Vorgesetzter zu dem neuen Wagen?

Ich habe mir schon als Kind vorgestellt, dass ich vielleicht ein schönes großes Auto, einen ganz großen Amischlitten, besitzen könnte und damit würde ich dann ganz langsam an Leuten vorbeifahren und die würden das Ding und mich bestaunen. Eine spätere Idee war, wenn ich bei einem Rätsel ein tolles Auto gewinnen würde, was ich damit wohl anfangen würde? Ich würde es ein paar Tage behalten, ein paar Mal damit fahren und fotografieren lassen und danach würde ich diesen PKW wieder verkaufen und mein altes Auto weiter fahren.

Zum Luxus gehören immer mindestens zwei Menschen. Der eine ist der Vorführer oder Besitzer, der oder die anderen die Zuschauer.

Man muss gar nicht immer Besitzer sein. Auch die Illusion des Besitzes reicht schon. Was glauben Sie, wie viele Schauspieler zu Filmfestspielen tolle Autos leihen , um damit vorzufahren? Sicher ist auch manches todschickes Damenkleid, oben offen bis zum Nabel und unten geschlitzt bis zum

Schritt, sodass man den hübschen Schlüpfer gerade noch sieht, nur geliehen. Aber ist die entscheidende Wirkung aufs Publikum erfolgreich und hat die gewollte Wirkung erzielt, ist die Wirkung in Ordnung. Und wenn wir ehrlich sind, unterliegen wir alle dem stillen Wunsch, ein bisschen anzugeben, bei ganz vielen Anschaffungen: Kleidung, Auto, Haustyp, Hauslage und korrigierbare Gesundheit (Schönheits-OPs). Luxus ist ein Teil unseres Lebens. Und solange er bezahlbar ist und niemand verarmt, warum eigentlich nicht?

Luxus macht Freude und ich freue mich gern.

Magen und Leber

„Ein Schnäpschen ist am Morgen gut,
desgleichen zu Mittage.
Wer abends einen heben tut,
lebt ohne Sorg und Plage.
Und nun mein kleines Schnäpselein,
jetzt musst du in den Bauch hinein.“

1. Das klingt gut, ist aber nicht gut, obwohl es mein Vater in fröhlicher Stimmung gerne zitiert hat. Und
2. ich kenne den richtigen Autor nicht.

Unser Magen hält viel aus. U.a. benutzt er täglich zum Verdauen verdünnte Salzsäure, wer hätte das gedacht! Aber wie überall in der Medizin: Die Dosis macht's! Kleine Mengen Alkohol verlängern sogar das Leben. Nur etwas größere nicht mehr. In der ganzen Biologie spielen Gleichgewichte eine wichtige Rolle. Solange unser Körper noch gegensteuern kann, ist alles in Ordnung. Schafft er das nicht mehr, kommt es zu Störungen. Störungen sind Krankheiten. Viele Krankheiten führen früher zum Tod. Und wenn der Magen den zu viel angebotenen Alkohol noch verträgt, ist die Verdauung ja noch nicht zu Ende. Ein Stückchen später kommt die Leber. Seit vielen Jahren weiß eigentlich jeder Mensch dieser Erde, dass eine „Säuferleber“ ein wirklich ernst zu nehmender Schaden an diesem für uns so wichtigen Organ ist. Die Leber kann sich in hohem Maße selbst reparieren. Man kann ihr sogar ein Stück abschneiden und einem anderen Menschen einsetzen. Aber: Auch sie hat ihre Grenzen. Zu viel und zu oft Alkohol verträgt sie eben nicht.

Wenn man dem vorbeugen will, muss man viel früher beginnen, weil Alkoholismus eine Sucht ist. Entweder man zählt zu den vielen Menschen, die nach dem ersten Glas aufhören können, dann wird man in der Regel kein Alkoholiker. Hat man aber das Pech, dass man das nicht kann, dann wird man Alkoholiker. Dann hilft nur eines: keinen Alkohol mehr trinken! Und das kann ein langer Weg sein.

Malerei

Der Maler schuf an seinem Bild.
Die Welt ganz lieb und auch die Wilde.
Dann überkam ihm's Temperament.
Er über malte Teile mit Talent.
Jetzt war aus seiner Sicht zu sehen,
wie gute Sachen sich oft drehen.
Doch dann, oh Schreck, kommt er zum Zittern:
Die kleinen Enten voll Dreck in Gewittern!
Das tut ihm Leid. Der Regen muss weg.
Die Sonne scheint wieder am gleichen Fleck.
Die gute Welt ist doch zu schön!
Die muss man mehr im Bilde sehn.
So laufen wieder Enten am Teich
und wilde Käfer balgen gleich.

Mein Birnenbericht April 2020

Ich Birne fühle mich wohl in Ilses Garten, weil ich keinen in der Birne habe. Auch mit allen übrigen albernen Menschen, wie Wernherius, dem Angeber aus der Mahnstraße, kann ich leben. Ich blühe einfach zu meiner Lust drauf los und lasse alle Bestäuber um mich herumfliegen. Die werden alle noch gucken, wie viele Birnen als Nachkommen ich in diese Welt setze! Und die werden schmecken, wie ich es will und sonst niemand. Ich Birne will es so und nicht anders.

Mein Clown

Der Clown kommt in Dein Leben.
Ganz plötzlich ist er da und fragt eben:
„Sag mir, was dich so traurig macht?“
Ich hätte schon lange nicht mehr gelacht.

Es stimmt, ich bin ein trauriger Wicht
und lustig ist es mir gerade nicht.
Ich mag Dich in Liebe. Das Glück ist nicht fern.
Ich zeig es Dir, denn ich mag Dich gern.

Schau Dich um, es ist alles voller Blüten
und gegen viel Sonne können Hüte hüten.
Bleib nicht am welken Blatte stehen.
Es gibt so viel Schönes daneben zu sehen.

Nimm eine Blume vor Dein Gesicht,
und Dein Problem hat ein kleines Gewicht.
Ich lache Dich an, und jetzt tust Du es auch.
Du bist noch lange kein alter Schlauch.

Mein Engel

Ich weiß, dass Engel ein Produkt, ein Wunschprodukt, meines Gehirns sind. Und ich finde es wunderschön, dass es sie gibt. Sie wollen mir alle helfen, wenn ich ein Problem habe. Der erste Engel ist meine liebe Mutter. Sie kann sogar wortlos trösten und mich immer wieder beschützen. Der zweite Engel ist meine liebe Frau Thea, denn sie weiß, was sterben heißt. Und der dritte Engel ist mein Clown, der mich schon so oft im Leben auf die wunderschöne Natur um uns herum hingewiesen hat. Sie brauchen nur mich anzulächeln und wissen immer, welcher Rat mir gut hilft.

Und bedauerlicherweise hatte ich besonders im letzten Jahr viele Schmerzen und seelische Qualen zu erleiden. Aber wer weiß, vielleicht ist es ein wichtiger Lebensabschnitt, den ich erleben muss.

Vielleicht ist es auch so vom Schicksal gewollt, dass meine heutige Lebenskameradin Ilse eine so perfekte Krankenschwester ist, die sofort immer den Weg zu meiner Hilfe bei Krankenschmerzen aller Art findet. Ich danke ihr und dem Schicksal für diese Lösung.

Sie ist mein lebender Engel.

Mein Gehör

Mein Gehör hat lange Zeit geruht,
doch jetzt auf einmal hör' ich gut.
Neue Geräte bei mir im Ohr,
die brachten diesen 1A-Komfort.

Ich kann es manchmal gar nicht fassen,
was die jetzt alles zu mir lassen.
Da knistert's und da wispert's leis.
Ich hör' jetzt alles, ich alter Greis.

Es kachelt, es raschelt ganz leis' und es flüstert.
Selbst altes Papier macht mit und es knistert.
Das hätt' ich im Leben nicht gedacht,
was das mir noch mal Freude macht.

Und zartes, leises, liebes Streicheln
wird jeden von uns ganz umschmeicheln.
Ich danke dem Rat fürs neue Gerät.
Gut zu hören ist nie zu spät!

Mein Leben

Langsam wird mein Leben
nicht mehr steinig, sondern eben.
Viele Dinge sind geklärt,
Jugendsünden längst verjährt.
Ich freue mich an dem, was schön ist.
Mach's auch so, wenn Du klug bist!

Mittagsschlaf

Mittagsschlaf ist so was Gutes!
Nicht diskutierbar! Wichtig; man tut es!
Dabei erholen sich immer wieder
richtig wohlig alle Glieder.

Er tut so gut den älter'n Herrn,
doch nutzen ihn auch Damen gern.
Gestärkt, erholt, von innen her schön
kann dann der Alltag weitergeh'n.

Mitteilung

Ich habe Geburtstag und ziemlich bald
und werde fünfundachzig alt.
Normalerweise freuen sich die Leute.
Doch diesmal ist alles anders heute:

Die Welt ist voller Viren, man verkriecht sich im Haus.
Meine Geburtstagsfeier fällt deswegen aus.
Ich verkrieche mich mit Ilse hinterm Ofen.
Wir zwei allein werden mit Schnaps einen schwofen.

Wenn der Krieg vorbei ist und wir überleben,
kann's sicher Wiedersehensfeiern geben.
Dazu wünsche ich Ausdauer und Geduld.
Ich bin jedenfalls nicht an Corona schuld.

Münster

Münster ist ‘ne schöne Stadt,
die viele Menschen und Tiere hat.
Selbst wenn wir Ameisen und Mäuse weglassen,
sind es immer noch große Massen.

Und wenn die Durst ha’m, dann brauchen die
ganz viel Wasser für Mensch und Vieh.
Dafür gibt’s einen See namens A.
Der ist zum Trinken für alle da.

Reicht der nicht aus, dann bauen die B.
Dann könnt’ mer saufen in Münster, ojeh!
Noch baut da was keiner noch ein oder aus.
Deswegen trinke die meisten zuhaus.

Mut und Übermut

Einst ging ein Mann spazieren im Park
und fühlte sich ganz groß und stark.
Er traf einen kleinen Mann, wie'n Wicht.
„Der Park ist für euch Kleinen nicht,
mehr für die Großen der Oberschicht“,
voll Angabe des Königs Minister spricht.
„Ich bin der Arzt vom Chef da oben.
Ich brauche keine große Roben.“
Der Zufall will es und eine Fliege trifft ins Auge
des Ministers, der schreit: „Es brennt wie Lauge!
Wo ist ein Arzt, aber schnell?“„ Da ist er schon
in seiner ganzen Dimension!“
Mit zarten Fingern befreit ihn von Fliegen
und hinterlässt ihn wie nach Siegen.
Der König schaute vom Fenster zu
und rief überrascht im Nu:
„Was ich gesehen habe, ihr Leute,
hat mir gefallen und macht mir Freude!
Hätt' ich nur noch in meinem Land
so kluge Leute mit Verstand!
Vertragt euch ihr beiden! Ihr seid beide gut!
Habt alle Mut, doch keinen Übermut!
Und seid lieb und nett immer zu allen.
Das wird allen Menschen gefallen!“

Nach Gallenblasenentfernung

So viel gehungert hab ich noch nie.
Ich bin so dünn wie eine Kopie.
Wer hat mein Essen immer rein?
Das muss ein richtiger Fettsack sein.

Ich hab's geschafft und lebe noch.
Zuhause freut sich schon mein Koch!
Der kocht mir Suppe aus Senf vom Feinsten
und noch dazu mit Preis vom Kleinsten.

Die Kur machte mich leider nicht fett,
doch ihr wart überwiegend alle nett!

Namenlese

Meine Freundin hatte vor mir einen Freund
und der hieß Günther.
Das deutete sie als Kind-Herr
und sah in Ihm den großen Lehrer.

Auch ich war im Namen sehr willkommen.
Ich heiße Werner und wurde angenommen,
als Wern-Herr von der Vogelweide,
der Minnesänger in voller Breite.

So trillern wir oft Lieder hin
die machen was alten Sängern noch Sinn.

Neihoffe

Neihoffe is de schännschde Ort!
Do treiwe alle Leit gern Sehport.
Ob Fußball-, Handball-, Tennisasse,
in niedre un in hohe Klasse.
Mit Bälle wedeln Groß un Klä.
Des is fer alle werklich schä.

Neihoffe is de schännschde Ort!
Mer henn do Heiser aller Sort:
Mit Hitte fer ä ganz Million,
un Heiser fer ä Batallion;
vom Mänhätte – mit viele Leit,
hinne Container zur Sauberkeit.

Neihoffe is de schännschde Ort!
Geh doch ämol in Urlaub nach dort!
Kä Eisebah schdehrt dort Doi Ruh,
do bischd in Wald un Wies im Nu.
Doi Esse kaafschd im Supermarkt,
hoschd net im Zentrum grad geparkt.

Neihoffe is de schännschde Ort!
Do konnschde reite wie ä Lord.
De Reithallwertschaft is wie noi.
Do kriegschd uffjede Fall Doi Woi.
Un bis De besoffe am Zügel verwarnt werschd,
geeschd halt betroffe noch schnell in de Geerschd.
Kummschd dann statt häm aus Neihoffe raus, - ahoi! -
Gehschd äfach uffd anner Seit widder noi!

Neihoffe is de schännschde Ort!
Wannd do ämol wohnschd, kummschd nimm.eh fort.
Bischd hier gebore, kennsch alle Leit,
dann konnschd was verzähle zu jeder Zeit.
Bischd Du im Ort ä neier Fisch,
kenn in vier Woch alle Leit schun mol Dich.
Bei Weck, Worschd un Woi verzä.hln die aa,
wer Du bischd, Doi Kinner un aach noch Doi Fra.

Was soll ich noch babble, Ehr wissds jo all:
Wer net hier wohnt, der bot halt ä Knall!
Drum simmer uns ähnich mit diesem Wort:
Neihoffe ist de schännschde Ort!

Nervus durstus

Die Sache mit dem Nervus durstus
fällt jedem auf, der Durst haben muss.
Er rappelt sich auf und dann spürst Du Dein Nervus.
Er fühlt sich unwohl und hat Verdruss.

Es ist ihm zu trocken und er knurrst.
Er ist sehr dünn und hat viel Durst.
Ist er später wieder voll mit Wasser,
fühlt er sich gut und dick und nasser.

Dann fühlt er sich wohl, der kleine Wurm.
Im Bauch hat er Ruhe; da gibt's keinen Sturm.
Er schleckt von allem, was flüssig ist.
Was gut schmeckt, schmeckt gut. Er ist Optimist.

Doch kommt zu viel Alkohol, ist er gleich betroffen.
Er rutscht in die Ecke und ist schnell besoffen.
Ist aus dem Trinken erst Pippi gemacht,
spätestens dann ist er wieder erwacht.

Er hat sich erholt und guckt ganz froh.
Das Leben geht weiter im Bauch und im Po.
Mal sehen, was sein Chef jetzt isst und auch trinkt.
Und ob's ihm schmeckt oder zum Himmel stinkt.

Neuhofen

Neuhofen hat einen See.
Ich meine nicht die Schlicht, nee, nee.
Ich meine diesen Badeweiher.
Da fühlt sich jeder immer freier.
Da gibt's die DLRG und eine Kneipe,
für jedermann 'ne schöne Bleibe.
Dann gibt's noch Angler und auch Taucher
und andere Naturverbraucher.
Und wenn es Ihnen gut gefällt,
dann baden Sie einfach ohne Geld.
Sie kommen raus, schlau wie Philosphen.
So was gibt's nur in Neuhofen.

Neuhöfer Friedhöfe

Was selbst nicht alle Neuhöfer wissen: Wir haben drei Friedhöfe! Ein alter ist der Judenfriedhof hinter der Deponie links. Er ist zwar nicht gut gepflegt, aber da sind noch Schilder mit Namen vorhanden. Den zweiten Friedhof kennen die meisten. Er liegt neben der evangelischen Kirche.

Den dritten Friedhof, den Waldfriedhof, benutzen seit einigen Jahren die Sparsamen, denn es gibt keine Grabmäler. Ich werde später auch einmal da bei meiner Frau liegen. Vielleicht bringt es bis dahin die Gemeindeverwaltung doch mal zu einem kleinen Parkplatz. Nicht nur mich würde das vor oder nach meinem Tod noch freuen.

Nina und Nena

Nina und Nena waren zwei Schwestern und die wohnten in Neuhofen. Das ist ein kleincr Ort in der Nähe einer Großstadt.

Nina war ein hübsches Mädchen. Nena war nicht so hübsch. Auf jeden Fall redeten die Leute lieber mit Nina und Nena ärgerte sich immer, dass sie von niemandem angesprochen wurde.

Beide wohnten in einem kleinen, alten Haus ihrer Eltern, die aber beide schon früh gestorben waren.

Als sie nun ein bisschen größer geworden waren, schauten immer mal wieder die jungen Männer vorbei, weil sie neugierig gucken wollten, ob sie die eine oder andere zur Freundin haben möchten. Nach Nina fragten sie immer. Die hatte auch bald einen Freund.

Aber nach Nena fragte keiner. Die war den jungen Männern zu hässlich.

Eines Tages kam eine Fee zur Nena, als sie wieder richtig traurig war. Sie fragte: „Warum bist du so traurig?“

Nena antwortete: „Weil ich so hässlich bin, will niemand mit mir befreundet sein.“

„Quatsch!“, entgegnete ihr die Fee. „Du bist gar nicht hässlich! Ich sage dir mal, was du machen musst, damit du auch schön bist. Pass auf: Zuerst musst du dich gut waschen, am ganzen Körper, damit kein Dreckfleck mehr auf der Haut zu sehen ist. Dann musst du dir die Haare schön kämmen. Dann gehst du zum Friseur und der soll sie schön schneiden und schön frisieren. Als nächstes gehst du mit deiner Schwester in der Stadt in ein Kaufhaus oder einen Kleiderladen und kaufst schöne, neue Sachen, die andere junge Mädchen oder hübsche Frauen tragen. Und dann wirst du staunen; dann bist du auch schön.“

Nena machte alles, was die Fee gesagt hatte. Und tatsächlich, jetzt schauten die jungen Kerle auch nach ihr und fragten, wie es geht.

Und wer mir das nicht glaubt, der braucht nur nach Neuhofen zu fahren, und wenn er Glück hat, kann er Nina und Nena auf der Straße oder in einem Laden sehen.

Jetzt sind sie beide hübsch.

Und wenn sie nicht gestorben sind, dann leben die beiden Hübschen immer noch in Neuhofen.

Öko-Einsicht

Da steh ich nun, ich armer Tor
und bin nicht klüger als zuvor,
habe Chemie und Mathe und Bio,
Physik studiert, auch Anatomie noch ein Stück.

Und erst jetzt dämmert es bei mir leise
WIR VERBRAUCHEN ZU VIEL leichtsinnigerweise.
Wir leben im Luxus als hätten wir zwei Erden.
Das kann nicht mehr gut gehen. Das muss anders werden.

Ich bin schon ein Veggie und spare das Fleisch.
Doch kann das nicht jeder; ich hör' schon Gekreisch!
Wir müssen sparen, sonst gibt's Hitze und Krieg
um diesen Wohlstand, doch keinen Sieg.

Glaubt mir, ich meine es ernst mit uns allen.
Es muss leider sein und es wird niemand gefallen.
Fahrt weniger Auto und senkt CO_2,
dann sind wir beim überleben dabei.

Genießt, was ihr habt mit Verantwortung in Massen.
Auch wir wollen unsre Erde in Frieden verlassen.
Gute Greifswalder bleiben immer bescheiden.
Ich kann euch alle deswegen gut leiden.

Paracetamol

Mir geht's wieder richtig wohl.
Ich nahm Paracetamol.
Mein Gott, ist die Welt so schön!
Man kann wieder lachen und kann geh'n.
Warum könn' wir das nicht öfter genießen?
Lauter gute Gedanken würden uns sprießen.
Doch ahn ich schon. in ein, zwei Stunden,
sind die angenehmen Gefühle verschwunden.
Da fall ich ins Loch und bin wieder krank.
Ich sehe schon das Ende der Bank.
Von der zerreist die Stille ein Schrei:
„Paracetamol muss bei!"

Pause machen!

Ich bin ein alter Mann,
der nicht mehr alles kann.
Und bin ich dann zu Hause,
mach ich mal öfter Pause.

Muss ich Wäsche machen,
guck ich in Hosentaschen,
ob ich paar Euro find.
Dann freu ich mich wie ‘n Kind.

Ja, alle alten Leute
hab’n nicht viel Geld fürs Heute.
Sie hab’n gelebt und hab’n geteilt
und glauben fest, dass alles heilt.

Und strengt das Leben mal an,
vergesst nicht unsern Plan!
Denn seid ihr wieder zu Hause,
dann macht ihr erst mal Pause!

Pentatonik

In der Musik gibt' eine Pentatonik:
Fünfmal betont, so beschreibt es die Chronik.
So hat zum Beispiel unser Antonín Dvořák
in seiner Sinfonie „Aus der Neuen Welt"
mit Mut und Geschick sie einfach hinein gestellt.

Ich habe bisher noch nie pentatonisch gedichtet
und im Leben gefühlsmäßig darauf verzichtet.
Mir fällt sie so schwer, diese Architektonik
und deshalb lass ich's mit der Pentatonik.

Putzelchen und Mutzelchen

Putzelchen und Mutzelchen, die war'n mal hier im Bett.
Das Putzelchen, das putzelte, das Mutzelchen, das mutzelte.
Das war'n famose Zeiten und alle fanden's nett.

Da kam der Zwöftelf übers land und haut mit seiner Krücke
das Putzelchen und Mutzelchen in über tausend Stücke.
Oh Schreck und Graus! Jetzt gab's im Bett 'ne ziemlich
große Lücke.

Doch ha'm die beiden überlebt. Das ist doch Klasse!
Es gibt sie wieder hier im Bett, die süßen, kleinen Asse.
Wenn ich mich umseh', sind sie im Bett hier, in richtig
großer Masse!

Rätsel lösen

Rätsel hin und Rätsel her,
Rätsel lieb ich wirklich sehr.
Klemmt's auch mal beim „Orinoko“
oder Speiseart mit „Schoko“.

Es macht einfach große Freude
für „Gegenwart“ zu finden „heute“.
Schön ist's, es ergibt sich
das Schlüsselwort auf Seite siebzig.

Sofort ruf ich danach an,
und freue mich, dass man das kann.
Lösung, Name, Telefon,
Adresse noch, dann war's das schon.

Vielleicht gewinn ich was, wer weiß?
'Ne Salbe oder'n andern … Kram.
Genau genommen ist's nicht wichtig.
Die Freude zählt und es war richtig.

Eh' ich's Geld verbrauch' mit Saufen,
geh' ich lieber Bücher kaufen:
Kreuzworträtsellexikon,
nicht so'n kleines, größer schon.

Meyers Enzyklopädie!
Das hilft sehr gut, und wie!
Auch ein guter, neuer Duden
hilft dem Rater in Minuten.

Manchmal ich auch etwas such'
im Synonymenwörterbuch.
Auch das steht zum edlen Zwecke
fürs Lösen in der Rätselecken.

Schluss jetzt, ich hab' keine Zeit.
Ich kenn' keine Einsamkeit.
Rätsel lösen im Kämmerlein
heißt für mich einfach glücklich sein.

Regalärer Trost

Nicht regulärer Trost, nein, Sie haben richtig gelesen, ich meine regalären Trost. Das ist ein Trost zwischen Regalen, z.B. zwischen den Regalen beim ALDI. Wenn ich dort einkaufe, treffe ich meistens Bekannte und Freunde. Und die versuchen mich wegen meiner kranken Frau zu trösten. Um mich herum lauter Regale mit Sachen, die man fast alle gebrauchen kann – ich frage mich immer, woher der ALDI weiß, was ich gebrauchen kann – und ich als Trauergestalt mitten drin.

Aber wenn mir auch dabei die Tränen manchmal die Augen überfeuchten – schön ist es doch, getröstet zu werden. Ich danke euch allen. Hoffentlich lesen meine Zeilen auch die Richtigen.

Geht nur mal zum ALDI. Da sind immer ganz liebe Leute drin.

Ritter Murg

Hier auf dieser schönen Burg,
da wohnte einst der Ritter Murg.
Er war dabei schon fast von Sinnen.
Er murgelte sie zuerst von innen.
Dann fehlte oft ein bisschen Licht.
Länger brannten seine Kerzen nicht.
Und drauf am Morgen erhebt er die Lider,
lächelt sie an und erkennt sie wieder.
Sieglinde war schon voll wieder da
und er wieder drauf; Hipp, hipp, hurra!
Das war besser noch als morgen gurgeln.
Er könnte sie den ganzen Tag so murgeln.
Doch nachts kam oft ein alter Geist,
mit Vorwürfen, er sei entgleist.
Das wischte der Ritter barsch hinweg.
Was soll er machen, wenn's juckt am Fleck.
Wenn Sieglinde duscht ohne Kleid und Hosen
muss ich sie murgeln und liebkosen.
Und wird er munter, Sieglinde liegt da.
Es lebe das Murgeln, hipp, hipp, hurra!

Rom

Liebe Leute, Rom ist schön!
Da kannst du mehr Kirchen als Tage im Jahr seh'n.
Und Römerinnen gibt's da, schicke und fein.
Auch das macht Freude in Rom zu sein.

In den Hotels wohnen aus aller Welt Wesen,
Schwarze, Weiße und viel Chinesen.
Sie alle bestaunen Kunst und Kultur,
den katholischen Reichtum einfach nur.

Wer Geld in den Trevi-Brunnen warf,
sich einfach drüber freuen darf.
Wer's zweimal tut, kommt wieder bald.
Bei dreimal bleibt er gleich; so ist das halt.

In der eh'mals 18.000er-Stadt
wohnen jetzt 3 Millionen Einwohner glatt.
Und über den übervollen Verkehr,
fast unfallfrei, da staune ich sehr.

Rom hat nicht nur Michel Angelo,
sondern auch Cäsar, Katholizismus und Co..
Es gibt hier alles in der Stadt,
die Gott sei Dank viel Normale hat.

Die kleine Rübimaus

Ich bin die kleine Rübimaus
und wohne hier in diesem Haus.
Da drin sind lauter lange Gänge.
Die ziehen sich ganz schön in die Länge.
Ich hab zwei Zimmer zum Schlafen und spielen.
Da kann ich mich drin richtig sielen.
Zum Essen ruft dann immer Mama
und das schmeckt gut, ganz ohne Trara.
Am liebsten ess ich rote Rüben.
Die wachsen hier und auch da drüben.
Dann hab ich normal ganz rote Ohren
Doch die sind warm und nicht erfroren.
Aber ess ich viel Spinat
sind grüne Ohren das Resultat.
Ich bin froh, dass Du mich gern hast,
deswegen hab ich das Gedicht verfasst.

Sächsisch und Pfälzisch

„Mit Boesie gammer wunderscheen
durchs anschdrängende Lehm gemiedlich gehen.“
So meent dr Sachse un er freid sich da dran.
De Sachsn sin Optimisdn, mei liewer Mann!

De meischde Pälzer sehe des annerschd.
„Was willschd mit Gedichde, wann grad wannerschd?
Des mit Poesie, des loss mer schä soi,
do drinke mer liewer ä Vertel Woi“

Für Sächsisch und Pfälzisch hab’ ich im Kopf Platz.
Ich bin auch gern Dolmetscher für beides, ratz-fatz!

Rucola-Salat und Patienteneinsicht

Rucola essen, das ist gut,
weil's immer allen schmecken tut.
Doch manchmal hat das seine Tücken
und er füllt bäuchlings alle Lücken
zum subtotalen Ileus[2]
und dann ist's aus mit Spaß, Genuss!

Der Rucola macht dann im Nu
dir alle Darmdurchgänge zu.
Wie vor Geburten hast du dann Wehen
und kannst vor Schmerzen nix mehr sehen.
Krankenwagen, Krankenhaus!
Wär bloß der Rucola schon raus!

Mit Ultraschall und viel Arzneien
möcht'st du dir deine Tat verzeihen.
Allmählich lässt der Schmerz dann nach.
Oft ist dann schon der nächste Tag.
Geschafft hast du's noch lange nicht,
du armer, kleiner, kranker Wicht.

Geheilt zurück zur g'sunden Welt
fragst du dich, was dir noch gefällt?
Oh, da gibt's schon noch hundert Dinge,
die ich als Poet auch gern besinge.
Seit dem der Blähbauch nun gewichen
ist Rucola jedoch gestrichen.

---

[2] Unvollständiger Darmverschluss, bei Medizinern gern zum Subileus verkürzt.

Scheißen

Scheißen ist ein alter Hut,
doch tut es vielen Bäuchen gut,
wenn zäh und pampig die Struktur,
gibt's von Verstopfung keine Spur.

Doch trifft die zu, oh weh und ach,
da kommt oft Unwohlsein danach.
Dann helfen oft nur kleine Zäpfchen
am Darmausgang ins kleine Näpfchen.

Oh, wie wohl wird Dir's am Abend,
wenn dann, unter Druck noch habend,
all der überfällige Matsch
geboren wird mit lautem Klatsch.

Ist dann alles raus vom Essen,
könnt man den ganzen Tisch leer fressen.
Doch willst Du Deinen Darm verwöhnen,
musst Du in Maßen ihn versöhnen.

Schnee

Schnee sieht aus wie x-e und Sterne.
Er kommt von weit her aus der Ferne.
Am besten du sitzt im warmen Loch
und siehst ihn glitzernd am Fenster doch.

Ist er dann weg, wird er zum Matsch.
Die eiskalte Dreckbrüh ist großer Quatsch.
Und muss ich noch kalte Hände reiben,
da könnte von mir aus der Winter wegbleiben.

Lieber träum' ich noch in warmen Betten
von hübschen Frauen und besonders netten.
Das Leben ist nämlich wunderschön,
hast du die Richtige erst mal geseh'n.

Schulweisheit im Jahr 3000

In der Antike gab es im Jahre 2020 eine Großstadt, die durch viele Hochstraßen berühmt wurde. Sie hieß Ludwigshafen. Aber entweder hatten die Brückenbauer Fehler gemacht oder die KFZ-Zulasser nicht mit so schweren Fahrzeugen gerechnet. Wie dem auch sei, eines Tages entschloss man sich die ganzen Hochstraßen abzureißen, weil sie nicht mehr wirtschaftlich zu reparieren waren. Sie wurden durch ebenerdige Straßen ersetzt. Auch zwei Hochhäuser (BASF und Rathaus) ereilte das gleiche Schicksal.

Seele

Angeregt durch den Buchtext meiner Freundin Brigitte Seybold, 2020, „Seele“, versuche auch ich hierzu meine Gedanken zu ordnen. Die Seele ist ein komplexer Begriff, aber dass sollte einen Naturwissenschaftler, der ich bin, nicht daran hindern, am Ende eine richtige und gut verständliche Definition zu haben.

Also ich fange mal damit an, dass ich mich noch erinnere, dass ein paar Ärzte vor einigen Jahren dem Spruch nachgingen: Beim Tod verliert der Mensch seine Seele. Sie unterstellten, dass die Seele ein Gewicht haben müsse, wenn sie den Körper beim Tod verlässt. Infolgedessen müsste der Körper um dieses Gewicht leichter werden. Also legten sie mehrere Sterbende auf eine Waage und wogen die Differenz. Soweit ich mich erinnere, betrug die Differenz so um die 20 Gramm. Aber die Zahlen waren wechselnd und wohl aus technischer Sicht nicht sehr zuverlässig. Dann meldeten auch die Physiker an, dass die ausgeatmete Luft je nach Wassergehalt und andere Hohlkörper Messweisungen ermöglichten. Ich erinnere mich nicht mehr, von dieser Idee in den letzten Jahren gehört zu haben.

Ich sehe in der Seele ein moralisches Kontrollorgan bei jeden einzelnen. Das beginnt im späten Kindesalter, wenn dafür Verständnis im Gehirn denkbar ist, und es endet mit dem Tod des Menschen. Herumfliegende Seelen ohne Menschen gibt es nicht. Aber Seelen gibt es, das walte Hugo der Gerechte. Da gibt es keinen Zweifel.

Anlässlich der Todestage meiner Frau hatte ich ein interessantes Gespräch mit Herrn Pfarrer Roos über Engel. Er hat darüber auch ein Buch geschrieben. Engel sind Konstruktionen unseres Gehirns, die uns in vielen Fällen des Lebens helfen. Logischerweise hat dann jeder seinen eigenen Engel oder auch zwei. Aber mein Engel gehört mir, nicht zu anderen.

Als Beispiel dafür, dass unser Gehirn Dinge kann, die man üblicherweise nicht erwartet, nenne ich einen Traum.

Ich träumte vor Jahren, dass ich jemanden im Traum ermordet hatte. Schweißgebadet und kreidebleich habe ich meine Frau geweckt, ihr davon erzählt und war voller Aktivität, sofort alles zu unternehmen, was zur Aufklärung oder weiterer Verhinderung von Straftaten führen sollte. Es hat lange dauert bis ich eingesehen habe, das war ein Traum.

Fazit von der Seele: Die Seele ist ein auf jenen einzeln bezogenes, übergeordnetes, moralisches Bewertungssystem und soll jeden von uns vor negativen oder positiven Übertreibungen warnen.

Dies möge uns allen immer gut erhalten bleiben!

Sehnsucht

Ich sehne mich ins Sehnsuchtsland.
Ich sehe vor mir schon den weißen Sand,
das Meer, die Sonne und Getränke,
eisgekühlte frische Fanta
Die trinken alle im Traumland da.

Das Beste ist, ich fühle keine Schmerzen
weder im Bauch noch an Knochen und Herzen.
Also das ist ja fantastisch, nix tut mir weh!
Ich fühl mich so wohl, herrjemine.
Das ist ja so wahr, sapperlot!

Oder lebe ich nicht mehr und bin schon tot?
Hat hier einer erschrocken gelacht,
weil dieser Blödsinn ihm Freude macht!
Das ist der Beweis ich lebe noch!
Ich komm mit Schmerzen heim ins Joch.

Selbstmordattentäter für den Islamischen Staat

Das größte Geschenk ist unser Leben.
Nichts Schöneres und Größeres kann es geben.
Ich kann Islamisten nicht verstehen,
die freiwillig aus dem Leben gehen.

Noch schlimmer: Sie tun es nicht allein!
Es müssen noch zwanzig andere sein!
Soviel Schmerzen und so viel Leid!
Nur Irregeleitete sind dazu bereit.

Helft den Irren vor ihren Taten,
bevor sie in Blut und Sünden waten!
Sprecht mit ihnen, um Leben zu retten!
Irre Religion muss an die Ketten!

Senf

Das ist mein Gedicht zum Senf.
Der reimt sich leider nur mit Genf.
Die beiden haben nichts gemeinsam
und leben deshalb völlig einsam.

Doch mein Senf, der wächst und wächst
in meinem Wohlgeschmack verhext
immer weiter zu Nummer eins:
das beste Gewürz wie sonst keins!

Hat die Suppe den Senf und Knoblauch dazu,
ist meine Welt in Ordnung im Nu.
Ich brauche nix anderes, um glücklich zu sein.
Mit dieser Suppe geht's im Himmel rein.

Senfsuppe

Einst saß ich auf der Würzburg da oben
und wollte meine Wirtin loben.
Sie hätte gut gekocht mit Würze
und gut verdaulich ohne Fürze.

Da kam uns beiden die Idee:
Viel Senf in Suppen wär doch schee!
Sie tat es und wie gut das schmeckte,
dass Kaiser Karl die Löffel leckte.

Kaiser Karl konnte nicht kauen,
doch tat er gern in Küchen schauen
und wollte bevorzugt Suppe klauen
und diese schlürfen wie die Sauen.

Der Knoblauch-Zusatz bleibt geheim.
Doch für die Fürze muss er sein.
Nur wenn es öfter mal so kracht,
da wird doch keiner ausgelacht.

Sommer

Endlich ist Sommer und richtig schön warm,
keiner friert mehr zum Gott erbarm.
25, 30 Grad, was ist das schön.
Da kann man wieder baden gehen.

Doch 36 Grad soll’s auch noch geben.
So möchte man lieber nicht mehr leben.
Mein Kopf entwickelt sich zum Brommer.
Wann endet schließlich dieser Sommer?

Sozialhelferinnen

Als Erstes brauchst du viel **Geduld.**
Und daran ist auch keiner schuld.
Denn Demenzleute mahl'n gemütlich
und sind in Ruh' gelassen friedlich.

Wer das nicht kann, ist fehl am Platz
oder muss lernen, Satz für Satz,
die Hektik im Kopf zur Ruhe bringen
und danach ruhigere Lieder singen.

Der nächste Punkt ist **nett sein zu allen!**
Auch zu Besuchern, egal, ob sie gefallen
einem oder nicht. Auch sie sind geplagt
durch die Patienten unverzagt.

Hast du mal Bauchweh, behalt es für dich.
Das geht vorüber, hoffentlich.
Primel die Leute an und sie primeln zurück!
Vielleicht gelingt dir dies Meisterstück.

Und schließlich, nicht endlich, **muss die pflege stimmen**
und soll alle freuen und niemand ergrimmen.
Denn macht auf der Arbeit eine nur Mist,
dann wird alles aber unendlich trist.

Wobei ich hier klipp und klar einfach sage:
Einmal vergessen führt zu keiner Klage.
Aber fünfmal das Gleiche vermasselt?
Die Hilfe ist bei mir durch gerasselt.

Sozialhelferin werden ist eine Sache.
Sozialhelferin bleiben nix für Schwache.
Sind gute Helferinnen extrem seltene Kelche?
Äh, äh! Ich kenne nämlich welche!

Sprache

Ich liebe meine Sprache sehr. Du auch?
Ich nutze sie gerne kreuz und quer. Du auch?
Sie grüßt mich schweigend mit Gedanken. Du auch?

Sprachpflege

Wenn wer sich müht schön gut zu sprechen,
reicht's, wenn er sagt, er müsste „brechen".
Das „Kotzen" kann er sich ersparen.
Das muss nicht jeder noch erfahren.

Genauso ist's mit Stuhlgang häufig,
egal, ob härter oder dünner-läufig,
auch gar nicht oder unbändig,
es ist und bleibt doch unanständig,

von Stuhl zu reden, sagt aber scheißen.
Das ist rein sprachlich ein Entgleisen.
Ein feiner Mensch geht nicht aufs Klo,
sondern reinigt im WC sein'n Po.

Beim Wetter ist es umgekehrt.
Da wär es kräftiger begehrt.
„Niederschläge und etwas Wind"
klingen noch wie's Himmlische Kind,
wenn's Dir auf Deine zarte Haut
Kotz und Scheiße runter haut.

Sprüche

Ich bin froh, dass die Grünen nicht das Sonnenlicht als Nebenprodukt der Atomreaktors Sonne abschaffen wollen. Es genügt schon, dass den Vegetariern gepflücktes Obst verboten wird, weil das Vögeln und Käfer gehört. Der 100% Veggi isst nur Fallobst

„Was heißt hier hart?“, meint der Koch. „Wenn man bloß noch an Granit denkt.“

Im Jahr 3000: Jetzt haben wir Kohle, Gas, Erdöl und Atomstrom abgeschafft. Aber wer hätte gedacht, dass das Notstromkabel für alle so teuer wird?

Eine Katastrophe nach der anderen! Und wissen Sie, was das ist? Unser Leben. Schön und interessant! Kaum war das Wort Mord erfunden, gab’s schon einen (Kain/Abel). Als Krieg erfunden war, gab’s Krieg – Ist Weltuntergang schon erfunden?

Wen interessiert das im Weltraum, ob wir noch existieren? – Niemand.

Wie viele Welten gib es?

Wie viele Urknalle gibt es?

Ein bisschen von allem, das tut gut, und macht immer wieder neuen Mut.

Zu viel von allem, das macht Leid.
Erst Abwechslung vertreibt zu viel Zeit.

Nachdenken heißt danach denken.

Vordenken bringt nicht viel.
Es kommt immer anders.

Ein Schläferchen ist eine Erkenntnispause, denn danach kommen neue Ideen nach Hause.

Ein Bild ist kein Original, sondern ein Bild davon.

Mach langsam, mach langsam.
Du übersiehst bei schneller Sicht wichtige Kleinigkeiten mit Gewicht.

Der Stein des Weisen ist fein geschliffen.
Das versteht man erst mit allen Pfiffen.

Geh morgen nochmal dran, wenn's kälter ist und Du dadurch falsche Gedanken älter bist.

Es gibt nichts Schöneres als lachende und zufriedene Menschen.

Verstand kommt von Verstehen und das setzt Anhören voraus.

Stuhlgang und Dünnpfiff haben den gleichen Verwandtschaftsgrad wie WC-Pause und Flotter Otto. Aber Schiesimatuckli gehört in die Familie der Dippelschitter.

Wer auch immer glaubt, er habe die Welt begriffen, der irrt. Wir sind zu dumm dazu. Wir können nur kleine Teile verstehen, wie 1+1=2. Und das stimmt auch nicht immer. Manchmal gilt 1+1=3.

1+1=2 ist eine reine Definitionssache. Es könnte auch x oder alpha oder $(\ln 1)^2$ sein. Warum nicht?

Tja! Gute Nacht, liebe Welt. Im Moment habe ich nicht so viel Lust, Deine Probleme zu lösen.
Ein paar davon musst Du schon selbst beseitigen, mh?

Essen
Wer gut isst, der ist gesund. Wer zu viel isst, der wird rund. Schlecht ist, wer zu wenig isst, weil er dann meist kränklich ist.

Gesundheit
Bist Du gesund, dann freu' Dich dran. Leider schafft das nicht jedermann.

Glück
Auch unsers Lebens schönstes Glück hält nur leider ein kurzes Stück.

Gewinnen
Glaubt mir's, ich bin nicht von Sinnen: Keiner kann wirklich immer gewinnen.

Hoffnung
Auch wenn Du schwer erkrankt bist und seelisch schlimm verletzt, für jeden gibt es Chancen!
Die Hoffnung stirbt zuletzt!

Laut und leise

Sagt jemand mal ‚Scheiße' leise, geht's noch, erträglicherweise.
Sagt's aber jemand laut, sind Ansehen und Stimmung versaut.

Lesen

Ist Lesen Pflicht, gefällt's meistens nicht.
Ist dein Geist willig, hat's mehr Gewicht

Wer das Chaos beherrscht, kann auch normal denken.

Liebes-Sonate: Wom, wom, ich komm, ich komm!

Wom, wom, ich komm, ich komm.
Ich bin der Tod. Ich hole Euch alle.
Für alle Menschen geht der Weg durch die Friedhofshalle.
Maestoso funebre.

Vorsicht vor gefährlichen Gedanken!
Sie könnten präsumtive Handlungen sein.

Mein Enkel liebt Eisenbahnen mit Schienen.
Ich liebe Gäsegeilchen mit Rosinen.

Manch einer freid sich iwwer Veilchn.
Doch ich esss liewer Gäsegeilchen.

Vader, Mutter, Oma, Gind
in dumpfer Schtube beisammen sind.
Of äma krachts und zwar ganz draußen.
Da wollden zweee es Auto mausen.

Doch hammses bloß kaputt gemacht,
weil nämlich draußen Bello wacht.
Und der hat einfach zugebissen
un ooch de Hosen offgerissen.
De Oma lacht un hat gekichert:
„Hoffentlich allianzversichert!“

Geld, wohin es auch fällt, verdirbt bloß die Welt.
Mit Geld wird mancher dunkler Raum erhellt.

Zu wenig Geld haben, ist nix, weil es überall fehlt.
Zu viel Geld haben, ist auch nix, weil die Welt voller Neider, wie sie Dir das Geld abluxen zu können. Am besten ist es, nur so viel Geld zu haben, dass man sein Leben bezahlen kann. Mehr muss es gar nicht sein.

Kleine Schulden zu haben, ist nicht schlimm. Die zahlst Du mit der Portokasse zurück. Große Schulden zu haben ist nicht schlimm. Es ist eine Ehre, denn Du planst und finanzierst etwas Großes.

Fazit: Schulden zu haben ist nicht schlimm. Es gibt viele glückliche Schuldner.

Es gibt Leute, die riechen Geld in Fenstern mit verbundenen Augen und wo die hinlangen, da ist es dann auch.

Eigentlich braucht man kein Geld, denn kaum dass man’s hat, gibt man es schon wieder weg. Wozu dann eigentlich der ganze Aufwand? Kostet auch bloß Geld.
Eigentlich brauchen wir doch keine Bank für unser Geld. Alles kostet dort Geld: Das Hinbringen, das Aufbewahren, das Abholen. Das Einzige, was die Bank gut kann, ist Sam-

meln. Selbst wenn ich keins mehr habe, die Bank hat immer noch welches.

Eigentlich ist nasses Geld genau so viel wert wie trockenes, aber trockenes ist mir lieber, weil vielleicht noch in trockenen Tüchern oder trockenen Büchern.
Wer weiß, wo nasses Geld herkommt? Vielleicht von jemand, der noch nass hinter den Ohren war oder mit Angstschweiß getränkt war.
Nee, nee, lieber ein trockenes Geld in der Tasche und ein kühles Bier auf den Tisch.

Kleingeld ist variabel. Das geht von einem Hundertstel bis zu ein paar Millionen, je nachdem, mit wem Du redest, mit mir oder mit Bankern.

Warum macht sich der Staat mit dem Penny-Kram so viel Mühe? Münzen herstellen kostet doch auch ein bisschen Geld. Und wenn man die richtige Drahtstärke mitteilen würde, bei dem 1 cm gleich einem Pence wert ist, könnte man sich den ganzen Kleinkram sparen. Und wer noch 17 Cent bekommt, dem kneife ich 17 cm vom Einheits-Kupferdraht ab und fertig. Dann hätte auch der alte Ausdruck, der ist „auf Draht", wieder einen realistischen Background.

Beim Fehler machen freut man sich.
Bei der Schadensbehebung nicht, meistens jedenfalls.

Wenn wir Fehler machen, sind eigentlich nicht wir verantwortlich, sondern die Schöpfung.
Fehler sind nämlich menschlich.

Ich bin ein Mensch und mache Fehler.

Ich kann’s nicht anders. Glaubt’s mir doch endlich!

Fehlerfrei ist unmenschlich und unmöglich. Gute Menschen haben nur ein schnelleres Behebungssystem.

Willst Du pipi: als Tourist
und Scheiße kommt mit, ist’s großer Mist
Das war ein Neujahrswunsch gerade.
Es ist schief gegangen. Schade.

Standuhr

Die Standuhr tickt.
Die Standuhr tickt.
Das Zicklein zickt.
Die Oma nickt.

Die Standuhr tickt.
Die Standuhr tickt.
Die Oma näht.
Die Oma strickt.

Die Standuhr tickt.
Die Standuhr tickt,
bis dass dann Gott
die Dämm'rung schickt.

Das Zicklein zickt.
Die Oma strickt.
Die Standuhr tickt.
Die Standuhr tickt.

Steigerung

Grundgeschichte:

Ich kann weder meinen jungen noch meinen alten Bruder leiden, aber meine Frau sehr. Bloß gut, dass wir im eigenen Haus leben. Da ist es auch egal, was die anderen darüber denken.

Steigerung:

Ich kann weder meinen viel zu jungen noch meinen urälteren Bruder leiden, aber meine Frau kann ich besser leiden. Bloß besser, dass wir im Haus ganz alleine wohnen und was alle anderen darüber denken.

Höchststeigerung:

Ich kann weder meinen noch nicht geborenen Bruder noch seinen im Sterben begriffenen urältesten Bruder aller Zeiten leiden, aber für meine Frau könnte ich mich in Stücke reißen lassen. Bloß gut, dass wir allesamt in einem völlig eigenen Haus wohnen und uns ausleben .Da ist es auch völlig egal, was alle darüber denken oder spinnen.

SUDOKUS

Eines Tages, Hokuspokus,
gab's in Zeitschriften Sudokus.
Das sind ja so schöne Sachen.
Die werd' ich jetzt auch mal machen.

Anfangs waren die auch leicht.
Man hat's Ziel ganz glatt erreicht:
Immer Zahlen eins bis neun
passend in die Kästchen rein.

Bald schon aber war'n sie schwer,
und manch Kästchen blieb dann leer,
oder – das ist noch viel schlimmer –
man macht Fehler! Welch' Gewimmer!

Korrigieren klappt fast nie.
Ärgerlich ist das, aber wie!
Man probiert's noch mit Geschnauf.
Trotzdem geht's fast nie mehr auf.

Mein Rat ist dann: Strich durch alles!
Neu anfangen jeden Falles!
Das gelingt dann meistens gut. Ganz beglückt gibt das dann Mut.

Sorgt dann morgen unsre Zeitung
wieder für Sudoku-Verbreitung,
heißt es wieder fröhlich: Jetzt
geht's dran; die Hoffnung stirbt zuletzt!

Sympathie

Haben Sie mal darüber nachgedacht, wer Ihnen sympathisch ist, und warum? Nein? Dann tun Sie es bitte mit mir zusammen.

Zuallererst nehme ich mir mal die Sätze vor, die jemand von sich gibt. Ich liebe z.B. gerne kurze Sätze. Man kann ja alles, was man zufügen will, in einem zweiten oder dritten Satz unterbringen. Ich weiß nicht, wie es Ihnen geht, wenn Sie etwas lesen und der Satz hört nie auf. Furchtbar ist das. Dann muss man nochmal von vorne anfangen, weil man das Verb schon wieder vergessen hat.

Warum schreiben viele Autoren so weitschweifig? Haben sie beim Lesen überall noch etwas ergänzt. Egal, warum, ich mag lieber einfache, klar verständliche Texte. Und noch etwas: Es soll ja jeder gut verstehen. Also sollte man zu viele fachspezifische Worte weglassen. Ich hatte in diesen Tagen das Glück einen wunderschönen Text eines Astronomen zu genießen, der ganz ohne Formeln die Welt erklärte. Das war richtig eine Wohltat. So kann man sicher nicht die Flugbahnen eines Raumkörpers beschreiben, aber das Prinzip. Und das reicht mir immer mal fürs Erste.

Ich komme noch mal auf Sympathie zurück. Wenn ein Gesprächspartner ab und zu schweigt und ein nachdenkliches Gesicht macht, spricht mich das mehr an, als wenn er pausenlos druckfertige Texte spricht, geht Ihnen das auch so? Sympathie kriecht bei mir ins Hirn, wenn ein paar Gedanken einen mit einem Partner vereinen. Das kann man nicht immer vorher ahnen, sondern muss man erleben.

Sympathie ist ein spontanes, angenehmes Gefühl. Und da ich nicht blind bin, muss ich natürlich zugeben, dass ein schöner Mensch auch auf mich von vornherein einen angenehmen Eindruck macht. Aber das Äußerliche allein macht noch keine Sympathie. Da muss noch etwas liebenswertes dazukommen.

Tägliches Allerlei

Heut' sind die Kinder wieder da!
Hipp hipp trara und auch hurra!
Ich habe Brötchen schnell gekauft
und mich auch gleich noch durch gerauft
zu einer großen Schachtel Weingummi.
Den mögen alle, diesen Flummi.

Dann war ich hin zur Thea-Maus.
Doch sie guckt nicht vom Bett heraus.
Sie schläft den Schlaf gerechter Leute
und versäumt mein' Tripp von heute.
Statt Unruhe gönn ich mir Ruh
und geb' ihr meinen Segen zu.

Wer weiß, was dieser Tag heut' bringt?
Ob irgendwo ein Vogel singt?
Denn die vermiss ich in meinem Garten
und muss mit meinem Futter warten.
Vielleicht is' Freudiges dabei
und nicht nur täglich Allerlei?

Teddy

Es war einmal und ist lang her
ein ausgestopfter Teddybär.
Der saß allein im Sofaeck
und der wollte auch mal weg.

Er brummte leise vor sich hin;
Doch mehr Gedanken waren nicht drin.
Er wollte rucken, doch das ging nicht.
Zu schwer war für ihn sein Gewicht.

Er gab sich Müh', er war so träg.
Doch etwas lag er plötzlich schräg.
Was er nicht ahnte, doch es ist wahr,
so lag er dann ein ganzes Jahr.

Da kam plötzlich die Sophie
und legte ihn hin wie bisher nie.
Jetzt sah er vor sich schöne Blumen.
Das erschöpfte sein Denkvolumen.

Teufelswerk

Einst wollt ich Runden drehn von Kraft
und hab 'dafür auch vor geschafft.
Doch ich stürz um und einer lacht.
Das hat der Teufel bloß gemacht!

Ein andermal fahr ich mit Rad
bei schönem Wetter-Sonnenbad.
Die Sonne hat dazu gelacht.
Ein Sturz! Der Teufel hat's gemacht!

Ich fahr mit Auto in die Welt,
dahin wo's mir so gut gefällt.
Dann hat's ein Schlag und Peng gemacht.
Das hat der Teufel auch gemacht.

Ich fahr zum Herrgott oben hin,
weil ich doch so ungeduldig bin.
Das war ein Traum, den ich erdacht.
Das hat der Teufel bloß gemacht!

Trinkspruch

Und hier noch ein Spruch zum heutigen Tage:
EIN PRÖSTERCHEN IST KEINE PLAGE.
Oft helfen auch andere Sprüche Dir
von Goethe oder Shakespeare.

Auch der in Englisch ist doch fein:
OUR LIFE IS TOO SHORT TO DRINK BAD WINE.
WENN DU SCHON TRINKST, DANN GUTEN WEIN!
Mit schlechtem lass es lieber sein !

Prost!

Unkraut

Was für ein wirklich böser Name!
Der macht für niemand grad Reklame.
Dabei ist jeder Pflanze Streben,
wirklich einfach nur zu leben.

Genau die Pflanzen mit dem schlechten Ruf,
die härteste Entwicklung überhaupt schuf.
Der Mensch bekämpft die armen Pflanzen
ihr Leben lang, und zwar im Ganzen.

Ob Roundup, Rupfen, Hacken, Graben,
trotzdem kommt's wieder wie die Raben.
Wir üben Vernichtung, weit und breit,
doch's Unkraut scheint gegen alles gefeit.

Lebenstüchtig ist es und zäh.
Könnte es sprechen, es sagte: „Bäh!
Ich habe Millionen Jahre gebraucht,
bis meine Zähigkeit was taucht!

Ich kann zwar nicht reden, aber schlau bin ich doch.
Ich find' in der Erde immer wieder ein Loch
Und wachse und lebe, Du wirst's sehen, noch lange!
Doch um Euch Menschen ist mir mehr bange!"

Ich denke nach und sage ad hoc:
„Zum Unkraut rupfen habe ich heute kein' Bock.
Ich halte mal still ein paar Tage im Garten.
Das Kraut muss meine Entscheidung abwarten.

Jetzt ist es raus, 'ne klare Sache.
Ich weiß jetzt genau, was ich mache:

1. In Anerkennung der Zähigkeit
wird Unkraut von seinem Namen befreit.
Es heißt jetzt Quecke oder Gras
und darf grundsätzlich leben, mit Maß!

2. Im Garten soll es beides geben,
Stellen mit Gras, aber auch Blumen daneben.
Und was wo wachsen darf, sage ich,
der Homo sapiens, richterlich.

Das heißt verkürzt nach Zusammenfassen:
LEBEN UND AUCH LEBEN LASSEN.

Verdauung

Das Essen kriecht durch unsern Mund
und verschwindet dann im Schlund.
Ganz gelöst in kleine Stücke
füllt sich jeder eine Lücke.

Dann schafft sich's weiter und zwar bis
zum Prozessus, dem vermiformis.
Der Blinde Darm braucht keine Augen.
Er lebt im Dunkeln, in Saft und Laugen.

Merkaptane will niemand haben.
Die stinken so, da flieh'n die Raben.
Die bleiben selbst im Dickdarm heil
und bieten sich als Furz dann feil.

Glucksend geht's zum Colon rein,
dem Dicken Darm, das arme Schwein.
Denn er macht nun auf seine Weise
aus allem bloß noch – Stuhlgang.

Der braune Brei und das Gefitzel
ist der Rest von einem Schnitzel.
Die guten Sachen, die blieben im Darm
und halten uns den Hintern warm.

Der ganze Rest, der kommt ins Klo.
Dann nennt man's Verdauung oder so.

Vertragt euch, ihr Zwei

Was ich gesehen habe, ihr Leute,
hat mir gefallen und macht mir große Freude!
Hätte ich nur noch in meinem Land
so kluge Leute mit Verstand!

Vertragt euch, ihr beiden! Ihr seid beide gut!
Habt alle Mut, doch kein' Übermut!
Und seid lieb und nett zu allen,
dann wird es allen Menschen gefallen!

Vögel im Garten

Die Vögel im Garten sind fröhlich und nett
und immer geputzt und sauber, adrett.
Sie fressen gern Futter, was ich für sie streute.
Da kommen sie schnell, lieber gestern als heute.
Sie bitten nicht drum und bezahlen auch nicht.
Doch hat ihr Besuch bei mir ein Gewicht.
Ich freue mich einfach, wenn sie kommen
und hoffe, das wird mir niemals genommen.

Vom Dichten

Da sitz ich nun, ich armer Wicht,
und in mei 'm Kopf, da dichtet's nicht.
Noch immer leer ist das Papier,
und davon hab' ich noch viel hier.

Was könnt ich denn jetzt bloß mal schreiben,
dass sich die andern Hände reiben?
Die einen lachen sich kaputt,
den andern ist's ein alter Hut.

Du kannst es machen, wie Du willst,
doch Wünsche aller Du nie stillst.
Was antwortest Du, wenn Du Dich fragst?
„Schreib' einfach, was Du selber magst!"

Doch ganz genau beseh'n bei Licht,
so einfach ist das Dichten nicht.
Zuerst entsteht im Kopf mit Wanken
ein erstes Knäuel von den Gedanken.

Das will geordnet sein sodann,
dass man es klar erkennen kann.
Dann schreibt man auf, was man so denkt,
und hat ihm einen Satz geschenkt.

Der steht nun da und guckt Dich an,
und zieht Dich wieder in sei'm Bann.
Noch ist er nicht so gut gereimt
er klingt schon eher schlecht geleimt.

Und auch der Rhythmus ist noch schwach.
Beim Lesen spürst Du Ungemach.
Nun wird getrickst und ‘rumgefeilt,
indessen Dir die Zeit enteilt.

Bald spürst Du, es wird nicht besser.
Der Text steht Dir am Hals wie’n Messer.
Du weißt nicht recht, wie sollst Du’s sagen.
Und dazu knurrt Dir noch der Magen.

Und sofort klingt im Kopf Gebimmel:
Das ist der Hinweis aus dem Himmel!
Du hast begriffen, cool wie’n Junger:
„Jawoll, das war’s: Ich habe Hunger!“

Du holst Dir drauf etwas zum Essen
und kannst das Dichten kurz vergessen.
Doch nach dem Mahle, armer Tropf,
ist nicht viel Blut in Deinem Kopf.

Dein Körper lenkt mit allen Kräften
das Blut zum Bauch mit seinen Säften.
Was eben Dir noch gut geschmeckt
wird durch Verdauung nun vollstreckt.

Danach ist’s leider nicht gelogen,
Dein Poesie-Elan ist ganz verflogen.
Und wieder starrst genervt Du hin
auf’s leere Blatt, wie zu Beginn.

Von Fall zu Fall

Glück? Glück! Sie haben von Glück gesprochen. Glück, haben sie gesagt und stierten mir dabei in einer der unangenehmsten Weisen direkt in die Augen. Zunächst, und das will in einer solchen Situation gar nicht so fremd anmuten, wäre ich selbst nicht wirklich auf die Idee gekommen, dass es sich tatsächlich auch nur um den Anflug eines Glückes handeln könnte, geschweige denn, dass ich es bin, dem das Unvermutete widerfahren muss. Aber schließlich lag es ja durchaus im Bereich des Möglichen, und welchen Selbstbewusstseins hätte es bedurft, der versammelten Gesellschaft in dieser ihrer Unbedingtheit und Vehemenz des nun im Raum stehenden Urteils eine gegenteilige Aussage in die dann wahrscheinlich völlig hilflosen Gesichter zu sprechen? Nein, es mochte wohl in der Tat stimmen, hier lag wenn auch auf eine sehr verquere Art und Weise so etwas wie Glück vor. Ich war glücklich, und wer hätte es auch besser, respektive gegenteilig wissen können, bestätigten doch alle dieses Urteil unisono, über jeden Zweifel erhaben und dann auch noch in meiner Gegenwart nicht nur generell, vielmehr schlossen es diese Menschen auch noch zusätzlich aus, dass es wider allen Anscheins irgendeinen anderen der Anwesenden getroffen haben könnte. Sie mussten mit ihrer Einschätzung der Situation einfach richtig liegen, und dass Glück überhaupt vorlag, konnte spätestens ab diesem Zeitpunkt niemand mehr ernsthaft in Frage stellen. Er ist glücklich, haben sie abschließend nochmals wiederholt, und ich erinnere mich, dass ich nicht wirklich in der Lage war, eine Einschätzung darüber zu treffen, ob es sich bei der letzten laut geäußerten Wiederholung dieser ihrer vertretenen Position tatsächlich um eine mir geltende wirkliche Wiederholung oder doch eher um ein sich selbst vergewisserndes Statement handelte. Ohnehin schien es mir keineswegs so, dass mit der nun richtigen Sicht der

Dinge irgendein Fortschritt erzielt wäre. Er ist glücklich, haben sie gesagt und haben sich nicht einmal die Mühe eines Versuches gemacht, mit mir zusammen die Konsequenzen einer solchen Einschätzung wenigstens zu erörtern. Im Gegenteil: Nachdem der für sie von sich selbst bestimmte Teil der Arbeit, nämlich die Existenzprüfung und Verortung des offensichtlich im Raum stehenden Glücks vorzunehmen, erledigt war, hatten sie nichts anderes zu tun, als mich diesem meinem Schicksal nun selbst zu überlassen und, so schien es fast, schlagartig den Raum zu verlassen. Wollt ihr mich nun tatsächlich meinem Glück allein überlassen, hätte ich beinahe noch gerufen, da sich der Letzte, der noch außer mir im Raum verblieben war, ebenfalls dazu anschickte, seine Sachen zu packen und aufzustehen, aber mir ist sofort klar gewesen, dass ich mit einer solchen Frage allenfalls einen Aufschub des Unausweichlichen bewirken hätte können, weswegen ich es schließlich auch gänzlich unterließ, irgendeine Reaktion zu zeigen. Wenn ich jemandem einen Vorwurf machen hätte können, dass es zu einer solchen Situation gekommen ist, dann mir selbst. Schon von vornherein hätte mir klar sein müssen, dass beim Betreten eines so kleinen und niedrigen Raums das Glück nicht unentdeckt bleiben wird. Nein, ich wusste keineswegs von der Existenz dieses Glücks und kann mir, ganz nebenbei bemerkt, auch jetzt nicht vorstellen, wie es überhaupt zu dessen In-Erscheinung-Treten gekommen ist, aber dass es solche Fälle überhaupt gibt, war mir durchaus bekannt. Wenn ich aber diese Möglichkeit nicht von vornherein habe ausschließen können, kann es nicht anders als fahrlässig bezeichnet werden, dass ich mich und die anderen in diese Situation gebracht habe. In diesem Sinne kann das abschließende *Er ist glücklich!* nur begrüßt werden, habe ich mir damals gedacht, als der Letzte endlich den Raum verlassen hatte, nachdem seine Tasche nicht einmal, nicht zweimal, nein, ganze dreimal den Tisch hinunter gefallen war und so seine Schreibutensilien gleichfalls dreimal von ihm und mir gemeinsam eingesammelt werden mussten. Dreimal verlängerte Zeit, in der ich nicht dazu kommen werde, mir darüber Gedanken zu machen, wie es dazu kommen konnte, dass ich so fahrlässig gehandelt habe, habe ich beim Aufheben der Radiergummis und Bleistiftspitzer meines Gegenübers, die dieser zur Überfülle in seiner Ledertasche zu sammeln schien, gedacht. Wie soll ich mich mit dem Problem des Glücks beschäftigen, habe ich in diesem Moment gedacht, wenn mir die Auseinandersetzung mit den Radiergummis und Bleistiftspitzern des Gegenübers aufgezwungen wird. Ich habe deutlich erkannt, dass es neben dem Problem des Glücks selbst auch noch das meines völligen Unvorbereitetseins gegenüber des Problems an sich gibt. Ich komme in einen Raum, man sagt mir, dass ich glücklich bin, und ich bin auf nichts gefasst, schoss es mir durch den Kopf, als das Gegenüber endlich den Raum verlassen hatte. Aber noch mitten in der Erkenntnis begriffen, dass es sich ja genau genommen und unter Hinzunahme aller hierfür in Frage kommender Faktoren um eine ganz und gar nicht zu unterschätzende Problematik handelt, stand das Gegenüber plötzlich und wie aus dem Nichts gekommen wieder mitten im Raum.

„Ich habe meine Jacke vergessen“, hat er gesagt und wollte dabei über den Tisch zu dem Stuhl greifen, auf dem er zuvor gesessen hatte und über dessen Rückenlehne eine Jacke hing, die aus dem gleichen Material und im gleichen Farbton gefertigt war wie seine Tasche. „Sie bleiben noch ein wenig“, hat er mich freundlich lächelnd gefragt, während seine Jackenrückholaktion zusehends zu misslingen begann. Durch die große Distanz zwischen ihm und seiner Jacke war er gezwungen gewesen, sich weit über den Tisch zu lehnen. Da er die einmal endgültig gepackte Tasche dabei jedoch nicht mehr aus der Hand zu legen gewillt war, er hatte sie sich in einer versucht lässigen Gebärde unter den rechten Arm geklemmt, hob er zur Beibehaltung des Gleichgewichts und um sich weiter nach vorne beugen zu können, sein rechtes Bein um 90 Grad nach hinten.

„Verletzen Sie sich jetzt nicht auch noch“, habe ich zu ihm gesagt und war dabei bemüht, das auch so zu betonen, dass es, wie ich abschließend zu glauben gewillt war, deutlich auf den vorliegenden Schlamassel meines unvorbereiteten Glücklichseins bezogen verstanden werden konnte. Aber so, wie ich es heute sehe, stellte sich das Problem des von mir angedeuteten Bezugs für das Gegenüber in diesem Augenblick eher weniger, denn nachdem er mit dem nach hinten ausgestreckten Gleichgewichtsbeins an die hintere Tischreihe gestoßen war und derart daran gehindert wurde, das Bein auch noch weiter in die Höhe zu strecken, war er gezwungen auch die rechte Hand zum Abstützen auf der Tischplatte zu benutzen. Diese instinktive Gebärde hatte jedoch zur Folge, dass seine unter den Arm geklemmte Tasche wiederum zu Boden fiel und, da er offensichtlich in seiner Nervosität vergessen hatte, diese zu schließen, weit mehr Utensilien aus ihrem Innern freigab als noch die Male davor. Sein Blick versuchte zwar noch das Unaufhaltsame zu verhindern, aber er blieb beim Auf-die-Tasche-Schauen mit der Brille an seiner rechten Schulter hängen, wodurch diese ebenfalls zu Fall kommen musste. Durch diesen Schreck gänzlich der Konfusion ausgeliefert, verlor das Gegenüber aber erst recht das Gleichgewicht, rutschte, der fallenden Brille ausweichend, mit dem linken Fuß erst ein wenig, dann doch sehr augenscheinlich zur Seite, sodass das Gleichgewichtsproblem natürlich nur noch dadurch gelöst werden konnte, indem der Kopf des Gegenübers mit einem nicht unlauten Knall auf der Tischplatte, sein wieder eingezogener rechter Fuß seinerseits auf der Brille zu ruhen kam. Die Jacke hatte sich durch diese Akrobatik natürlich in gar keiner Weise in eine nennenswerte Annäherung des Erreichbaren bewegt, weswegen es das

Gegenüber nun doch vorzog, die Bürde der große Runde um die gesamte Tischpartie auf sich zu nehmen.

„Wir haben uns noch nicht vorgestellt“, hatte er beim Eintreffen an seinem ursprünglichen Sitzplatz und also seiner Jacke gesagt, „Ritter, Hans Georg Ritter, ich bin der Schatzmeister.“

Und ich erinnere mich, dass mich in diesem Moment die naheliegende Frage beschäftigt hat, wie ein derartig nervöser und dem Leben eines virtuosen Equilibristen doch eher fernstehender Mensch die Aufgabe eines in finanzieller Mission gesandten Buchhalters zu bewerkstelligen vermag. Es wird doch nicht so sein, muss es mir auch gleich durch den Kopf geschossen sein, dass dieser Mensch, dieser Hans Georg, Ritter seines Zeichens, mit dem auf mir lastenden Glück in Zusammenhang steht. Wenn ich noch kurz zuvor über die Unwürdigkeit der gesamten Versammlung lamentiert hatte, dass diese mich meinem Schicksal, nämlich glücklich sein zu müssen, allein überlassen, indem sie, nachdem klar war, dass jemand im Raum glücklich sein muss, und dass dieser Jemand niemand anderes als ich selbst sein konnte, und den Raum einfach und ohne weitere Kommentare verlassen hatte, so wünschte ich mir eben diese Situation jetzt sehnlich herbei, denn wenn das Alleingelassensein mit meinem Glück ein schon nicht ganz einfaches Problem darstellte, so musste das Mit-Herrn-Ritter-gemeinsam-Ertragen dieses meines Schicksals, unseres Schicksal, ein noch größerer und gravierender Einschnitt in mein Leben bedeuten. Nachdem ich Herrn Ritter nun meinerseits meinen Namen genannt hatte, „Sie kommen aus dem Norden“, hatte er gesagt, konnte ich nun nicht mehr an mich halten und fragte ihn schließlich, ob vielleicht er eine Ahnung hätte, wie es zu diesem Glücksfall gekommen sein könnte.

„Wir haben dieses Phänomen schon des Öfteren gesehen“, begann Ritter in wiedergewonnener Selbstsicherheit, während er zum Boden tastete und seine stark verbeulte Brille, ein Glas war ein wenig aus der Fassung getreten, aufzuheben bestrebt war. Sein Kopf versank erneut unter der Tischplatte und etwas dumpf, aber durchaus verständlich konnte ich hören, wie er „Das ist für uns nichts Neues!“ sagte, als wolle er durch diese neuerliche Bekräftigung seine wiedergewonnene Souveränität untermauern. Mit dem verbeulten Gestell in der Hand erschien sein Kopf wieder über Tage und grinste mich dabei in einer Weise an, die mir deutlich zu verstehen geben sollte, dass ich mich ab jetzt mit meinem Problem in den allerbesten Händen befände. „Die Leute machen sich meist gar keine Vorstellung davon, welche Arbeit unsere Gesellschaft leistet“, hat er leise vor sich her gemurmelt, wobei er sogleich daranging, seine Schreibutensilien auf dem Tisch auszubreiten, um sich Notizen machen zu können. Eigentlich noch gänzlich mit der geistigen Verarbeitung des Anblicks eines solch faszinierenden Wesens beschäftigt, hätte ich fast sein plötzlich geäußertes „Anlass?“ überhört, aber auch dann noch, als seine Stimme bis zu meinem Ohr vorgedrungen war, erschien sie weniger fragend als vielmehr ein Tiergeräusch nachahmend.

„Sie meinen den Anlass, aufgrund dessen es zu der Situation gekommen ist, dass ich glücklich bin“, habe ich gefragt, während er mit seiner ramponierten Brille, die mittlerweile wieder auf seiner Nase thronte, den versuchten Anschein einer Souveränität in den letzten Status des Gegebenen hinüberzuretten bemüht war. Er befragt mich über den mir unbekannten Anlass meines Glücks und wollte doch noch vor wenigen Minuten seinen Kameraden in nichts nachstehen und ebenfalls verschwinden, dachte ich beim Anblick seines starren Kopfes. Den Blick über die Brille gerichtet hielt er es offensichtlich nicht für nötig, meine Frage zu bejahen, da sie ihm als zu banal erschienen sein mochte.

„Sie werden lachen, aber ich wusste bis vor einigen Augenblicken noch nicht einmal, dass ich glücklich bin", habe ich zu ihm gesagt, woher sollte ich denn nun den Anlass oder gar den Grund dieser Neuigkeit wissen? Aber Ritter empfand meine Äußerung nun seinerseits in gar keiner Weise belustigend, vielmehr legte er sowohl den Stift als auch die Brille fast elegant, nichtsdestotrotz äußerst entschlossen, auf den Tisch und fragte mich, wie ich mir denn das so vorstelle.

„Leute wie Sie", begann er, „sind mir ja die liebsten." Er sagte, dass er sich ernsthaft die Mühe mache, die Unterlagen mit mir gemeinsam durchzugehen, und ich entpuppe mich dabei als einer dieser gewöhnlichen Menschen, die von nichts gewusst haben wollen. Und auch meine erneute Beteuerung, dass es für mich tatsächlich eine gänzlich ungewohnte Lage war, in der ich mich befand, ich also auch unter den strengsten Kriterien betrachtet gar nicht wissen könne, wie es zu dieser gekommen ist, hatten auf Ritter eher wenig beschwichtigende Wirkung.

„Wir kennen das", hat er gesagt, „erst behauptet jeder, dass er das so gar nicht selbst veranlasst habe, ja dass niemals irgendwer etwas davon gehört habe", und dann, mit einem Blick in die Bücher, „glauben Sie nur nicht, wir notierten uns nicht jede einzelne Kleinigkeit, bemerkt man den wahren Grund für die angebliche Unwissenheit. Was glauben Sie, wie oft ich diese Antworten schon zu hören bekommen habe, von wegen, man habe gar nichts damit zu tun", hat er gesagt, wobei er entgegen dessen, was er sagte, doch erstaunlich ruhig geblieben war. Er hat davon gesprochen, dass er schon viel zu oft Verständnis für die vermeintlich Ahnungslosen, so hat er sich ausgedrückt, gezeigt hätte, dass aber letzten Endes alles nur darauf hinausliefe, dass niemand sich gewillt zeige, die Beiträge an die Gesellschaft zu entrichten. Welche Beiträge, muss es in dem Moment wohl eher instinktiv als einem wirklichen Willen folgend aus mir hervorgesprudelt sein. Aber so unüberlegt diese Frage auch aus mir hervorkam, ihre

Wirkung verfehlte sie bei Ritter keineswegs. Unruhig wippte er mit seinem Stuhl nach hinten und nach vorn und wollte schließlich aufspringen, um seiner Entrüstung auch die gebührende äußere Form zu verleihen, wurde jedoch wie von einer unbekannten Kraft zurück auf den Stuhl gezogen, da sich bei seinem Wippen einer seiner Schnürsenkel am Fuß des Stuhls verfangen hatte.

„Welche Beiträge“, schallte es mir nun wiederum aus tieferen Lagen nur um so lauter entgegen, er versuchte sich mit ungeschickten Handbewegungen von seinen Fesseln zu befreien, wobei sein Kopf wohl gleichermaßen aufgrund seiner Entrüstung als auch aufgrund seines Hinunterbeugens deutlich rot anlief.

„Ja, wollen Sie mir denn ernsthaft weismachen“, hat er mich angebrüllt, als sein Kopf wieder unverrichteter Dinge über der Tischplatte erschien, „Sie glaubten an den Mythos, man bekäme auf dieser Welt irgendetwas umsonst?“ Er hat mich dahin gehend aufgeklärt, dass es insbesondere ihm ohnehin völlig egal sei, ob jemand irgendwo auf der Welt irgendetwas ohne Bezahlung mache, sollen diese Leute aus reiner Menschenfreude machen, was sie wollen, hat er gesagt, dass er für sich jedoch keineswegs auch nur daran denke, seine Arbeit einfach nur so auszuüben. „Es mag Menschen geben, die es sich erlauben können, einfach nur so zu arbeiten“, hat er immer noch mit gerötetem Gesicht gesagt. „Verstehen Sie, hat er gesagt, „diese Menschen haben es gar nicht nötig, für ihre Arbeit auch eine adäquate Gegenleistung zu fordern.“

Er tat geradezu so, als verstünde ich nicht, dass er, Ritter, um seinen Alltag bestreiten zu können, für seine Arbeit einfach auch eine adäquate Gegenleistung verlangen müsse.

„Ich kenne Ihre Situation wohl sehr genau“, konnte ich nicht an mich halten, es gegenüber ihm zu äußern, aber er, in seinem zweiten und wiederum vergeblichen Versuch, der

Schnürsenkel unter dem Tisch wieder Herr zu werden, unterbrach mich sofort und stellte klar, dass man das so gar nicht sagen könne. „Was glauben eigentlich Menschen wie Sie, wenn Sie Leuten wie mir ernsthaft weismachen wollen, Sie wüssten etwas über mich und meinesgleichen, Menschen also, die darauf angewiesen sind, für ihre Arbeit auch eine adäquate Gegenleistung zu fordern."

Schon war er drauf und dran, seine Sachen erneut in die Tasche zu stecken und den Raum zu verlassen, ohne zu vergessen, mir mit disziplinarischen Konsequenzen zu drohen. „In diesem Fall drohen Ihnen zumindest disziplinarische Konsequenzen", hat er gesagt und dabei besonderes Gewicht seiner Betonung auf das Wörtchen *zumindest* gelegt. Wäre ich nicht augenblicklich in der Lage gewesen, ihm glaubhaft zu versichern, dass ich bis dato keine Ahnung davon gehabt hatte, dass man in einem solchen Glücksfall, wie der, der bei mir nun offensichtlich ins Haus stand, Beiträge an die Gesellschaft zu entrichten hat. „Ja, glauben Sie denn wirklich, dass ein solcher Glücksfall wie der ihre ohne den mindesten finanziellen Aufwand einfach so ins Haus gefegt kommt", hat er mich, ohne seine Verwunderung über soviel offensichtliche Naivität meinerseits verbergen zu können, angefahren. Er hat mir gesagt, dass ihm ein solcher Fall in all seinen Jahren der Tätigkeit als Schatzmeister für die Gesellschaft noch kein einziges Mal untergekommen sei. „Wenn es nach Ihnen ginge, könnte demnach wohl jeder ein solches Glück wie das Ihre haben", hat er gesagt und machte in diesem Moment angesichts eines so hoffnungslosen Falles einen fast resignierten Eindruck. Schräg auf der Tischplatte platziert, die Versuche um die Schnürsenkel mussten schließlich irgendwann zum Erfolg führen, das rechte Bein frei hin und her baumelnd, saß er mir in der nach wie vor nicht wirklich locker erscheinenden Haltung da und bemühte sich um Fassung. Und nach kurzen Momenten der Besinnung, dann aber mit weit in meine Richtung vorgebeugtem Oberkörper und eindringlich spitzen Lippen musste ich seine Konklusion aus dem Gesagten vernehmen, dass es nämlich dann ja auch so scin müsste, dass er sich höchstselbst ebenfalls einen Glücksfall leisten können dürfte.

„Seitdem ich meine langjährige, meine nun schon viele Jahrzehnte ausgeübte Tätigkeit als Schatzmeister zur vollen Zufriedenheit der Gesellschaft begonnen habe“, hat er unter gesteigertem fast rekordverdächtigem Wippen seines rechten Beines gesagt, „bin ich kein einziges Mal in die Lage gekommen, mir ein solches Glück wie das Ihre leisten zu können. Nette Momente, habe ich zu Ute, zu meiner Frau Ute gesagt, nette Momente sind drin, habe ich gesagt, aber zu einem wirklichen Glück wird's auf absehbare Zeit nicht langen“, hat er gesagt, ohne nicht ebenfalls soviel Energie für seine Beinbewegung wie sein betontes Sprechen zu verwenden. „Nette Momente haben mit Glück nicht das geringste zu tun, habe ich zu ihr gesagt und habe sie eindringlich darum gebeten, doch lieber so lange zu warten, bis man sich ein richtiges Glück leisten kann“, hat er gesagt. Während sich sein Bein mittlerweile in derart luftige Höhen wirbelte, dass es den Rest des Körpers seinerseits jetzt nicht mehr ruhig auf der Tischplatte hielt, und er, nachdem das Köpfchen beim Fall die Platte fast verfehlt hätte, doch eher sehr unsanft auf dem Boden zu liegen kam, musste ich mir die Frage gefallen lassen, weswegen ich mich denn, wenn es dann unbedingt überhaupt sein musste, nicht einfach mit netten Momenten zufriedengeben konnte.

„Hätten es insbesondere in Ihrem Fall nicht auch einfach nette Momente getan?“, hat er mich doch sehr ärgerlich über soviel Blauäugigkeit gefragt. Es seien diese Menschen, die sich niemals einschränken könnten, musste ich erfahren, und anstatt netter Momente, die, was die Rücklagen beträfen meistenteils ja auch schon in den Bereich waghalsigen Risikos hinreichten, gleich dem richtigen Größenwahnsinn frönten. „Es muss unbedingt gleich Glück sein“, hat er gesagt und mich nach den Gründen eines solchen Bestrebens gefragt. Und nachdem ich meinerseits nochmals bekräftigte, dass ich niemals auch nur in Erwägung gezogen hätte, Glück zu haben, und auch keinerlei Unternehmungen in diese Richtung in Angriff genommen hätte, musste schließlich auch Ritter, nachdem er sich wieder vom Boden erhoben hatte, einsehen, dass es sich offensichtlich um einen Irrtum handeln muss.

„Sie haben weder nette Momente noch gar Glück für sich in Anspruch genommen?“, hat er mich nach wie vor etwas ungläubig gefragt. „Nicht einmal nette Momente?“, hat er gefragt und begann offenbar nun seinerseits für mich eine Art Bewunderung über soviel Selbstgenügsamkeit zu empfinden. Er hat mir daraufhin gestanden, dass er die vielen Jahrzehnte der Tätigkeit als Schatzmeister nur deswegen überstanden habe, weil er sich immer vor Augen halten konnte, dass er sich zumindest theoretisch ab und an einen netten Moment leisten könne. „Aber Sie“, hat er gesagt und teilte mir daraufhin, ohne den angefangenen Satz beendigt zu haben, mit, dass er für mich alles in die Wege leiten würde, und ich die Sache einfach als erledigt ansehen sollte. Dann verließ er endgültig den Raum, und ich wusste noch weniger als zuvor, ob es sich denn nun um einen Glücksfall handelt oder nicht.

Warten

Auf Frauen warten macht keinen Spaß, denn wo sie auch sind, die erfinden was. Das muss auch noch besprochen werden. Hab' viel Geduld wie Blumen in Erden!

Warten

Stell' Dir vor, du sitzt im Garten,
um Dich schöne Blumen und Du musst warten.
Doch musst Du warten im Krankenhaus,
dann sieht die Sache ander aus

Ist der Arzt hoch in der Hierarchie,
siehst Du sie selten oder nie.
Ist er Stationsarzt, der arme Mann,
war schon vorher der Chef mal dran.

Willst Du zum Klo, ist alles besetzt
und Du hast Dich eben grad noch gehetzt
Wo bleibt heut das Essen?
Ich hoffe nur, es hat nicht der Nachbar gegessen!

Immer bloß warten, mit viel Geduld,
und keiner macht Fehler und keiner ist Schuld.
Doch Du willst natürlich auch überleben
Es endet alles Warten, auch's Leben

Was Leute so alles zu einem sagen!

Ei, wo bist du denn? Du-du-du-du. Da-da-da-da, Du bist ja ein ganz Lieber.
Duten Tag. Du kannst ja schon reden!
Hast du schön A-a gemacht auf dem Topf? Bra-av, was du schon alles kannst!
In den Kindergarten gehst du schon? Schöööön.
Nur *eine* Drei hast du im Zeugnis? Okay. Im Durchschnitt 2,0? Du bist ja ein Ass, Mensch!
Was macht denn das Abi? Waaas, schon fertig? Und? Bestanden? Sehr schön.
Was bist du, verlobt? Ich werd' verrückt. Herzlichen Glückwunsch!
Gratulation zum Nachwuchs. Waas, das ist schon euer Zweiter? Wahnsinn!
Stimmt das, du hast auch keine Gehaltserhöhung bekommen?
Was macht dein Bandscheibenvorfall? Tut immer noch weh? Kannst du gehen? Wie alt bist du? Aber du siehst noch gut aus!
Das Essen schmeckt dir noch gut? Aber das Kauen, ja.
Hallo, siehst du mich? Ich bin dein So-o-hn. Jaaa.
Warte, ich steck dir das Hörgerät wieder rein. So. Hallo, ich grüße dich!
Halloo, hallo? Ich glaube, der schläft gerade.
Hallo, hallo? Atmet er überhaupt noch? – Tja ...

Was wir alle machen

Ach hallo, dass wollte ich euch ja auch noch erzählen.
Es gibt Kaiser, Könige und Edelmänner,
aber auch Bürger, Bauern und Bettelmänner.
Die Bettelmänner arbeiten nicht.
Deswegen hat ihr Besitz auch kein Gewicht.
Sie betteln um alles und sagen vielen Dank,
„Ich bin Gott sei Dank niemals krank."
Heute ist das anders, da gibt's nur noch Reiche.
Jeder hat'n warmes Bett, gemütlich weiche.
Dem einen ist's genug zu spielen.
Da können and're auch noch mit drin wühlen.
Ganz wichtig ist: Wir müssen uns vertragen
und nicht wegen Kleinkram gleich los schlagen.
Für jeden von uns gibt's immer viel Gutes.
Die Hauptsache, ihr erkennt es und tut es.

Welken

Welch ein Glück und wie viel Güte
stecken in des Lebens Blüte?
Auch Welken ist ein Stück vom Leben,
das uns vor langer Zeit gegeben.

Ein jedes Wesen ist mal bereit
das Blühen zu enden und dann kommt die Zeit,
wo sich die Lebensranken winden
und nur im Innersten noch finden.

Der Lebenswille gibt dann Ruh'
und du machst deine Augen zu.

Der Wichtel im Wald

Ein Wichtel wettet um sei Gewicht:
Ein schwereren Wichtel gäbe es nicht.

Doch da hört man mit Grausen
die Dinoglocke mächtig brausen.

Herein kommt ein Dino mit breiten Seiten
den konnte niemand richtig leiden.

Das Haus ist darauf ganz kaputt
und Wichtel jammert noch im Schutt:

„Ich will nie mehr der Größte sein.
Lieber bleib ich im Wald allein!“

Wie geht's weiter?

So. Sie sind also neugierig, denn Sie haben angefangen den Text zu lesen und wollen wissen, wie es weitergeht! Neugierig und aufmerksam zu sein ist immer gut. Dann lesen Sie halt mal weiter.

Was wollen Sie denn genau wissen? Wie es Ihnen weitergeht, wie es in der Welt, in Deutschland, mit unserem Leben weitergeht?

Eines ist klar: Es wird vieles anders werden. Das kann man bei einigen Entwicklungen ohne jede Mystik tatsächlich voraussagen. Wenn sich bestimmte Zahlen innerhalb eines Jahres schnell ändern und insbesondere rasant größer werden.

Es gibt immer wieder Menschen, die bestimmte Ereignisse auf den Tag genau voraussagen. Das ist natürlich nicht möglich. Was aber ohne weiteres möglich ist, dass man sich durch Extrapolationen Vorstellungen über zukünftige Entwicklungen macht.

Unsere **Umweltprobleme** werden wir nicht perfekt in den Griff bekommen. Alle Chinesen, Inder und Afrikaner wollen auch Autos fahren. Also wird das Kohlendioxid weiter ansteigen, bis alle Elektroautos fahren. Deren Herstellung wird durch Rohstoffraubbau und umweltschädliche Produktionen weiter unseren geplagten Planeten und letztlich auch uns Menschen schädigen.

Ganz große Bedeutung bekommt die Begrenzung der Zuwachsraten der **Erdeinwohner.** Wenn es gelingt, die Zehnmilliardengrenze an Einwohnern nicht oder nicht wesentlich zu überschreiten, dann kann das Leben für uns Menschen hier noch ganz schön bleiben. Gelingt das nicht, ist mit einem verheerenden Anstieg an Katastrophen zu rechnen. Kriege, Hungersnöte, lokale Armut, Epidemien, Hochwasserkatastrophen und Betrugsfälle im Großmaßstab werden dann zunehmen. Die Konzernleiter werden die korruptesten und trickreichsten Menschen sein, und nicht die besten Führungskräfte.

Die erneuerbaren **Energiequellen** werden zunehmen, Atomreaktoren werden verschwinden, aber die Kernfusionsreaktoren, so teuer sie auch sein werden, haben Zukunft, weil ein Gau bei ihnen nicht möglich ist.

Meeresforschung wird forciert, als Rohstoff- und Energiequelle. In den blauen Lagunen werden aber weiter Plastiktüten schwimmen.

Die **Elektronikindustrie** wird in alle, wirklich in alle, Lebensbereiche Einzug halten. Milliarden Chips werden unser Leben überwachen, steuern und miteinander kommunizieren lassen. Bei unseren Großeltern gab es einen Lichtschalter, eine Lampe und eine Steckdose im Raum. Heute zieren schon Steckerleisten und Flachbildschirme die Wände. In Zukunft wird in jeder Wand, jedem Möbel- und Kleidungsstück ein Chip sein. Und wir werden das in wenigen Jahren für normal halten. Unsere Gesundheit überwachen Sensoren, die der Hausarzt abrufen kann. Und auf der Autobahn fährt das Auto natürlich. allein. Schnellzüge fahren 500-600 km/h.

Medizinische Forschung erfolgt, aus wirtschaftlichen Gründen, nur noch ab 1000 Krankheiten aufwärts. Die Zweiklassenmedizin nimmt zu. Für viel Geld kann man sich aus Eigenzellen Ersatzorgane züchten lassen.

Fehlerhafte **Staatsführungen,** wie heute in Griechenland, nehmen zu. Leider auch Kriege und Hunger. Wirtschaftlichen Wohnstand gibt es nach wie vor nur in der Hälfte aller Länder. Die Menschheit als Ganzes lernt nicht aus den Fehlern der Vergangenheit, weil egoistische und kurzsichtige Regierungen immer wieder glauben, dass für sie die Fehler der Vergangenheit keine Rolle spielen.

Aber die **Menschheit** geht nicht unter, auch nicht bei einem

Atomkrieg. Es gibt dann sicher noch so viele überlebende und ein paar wenig verseuchte Gebiete, sodass die Menschheit trotz vieler Kranker überleben wird.

Unter den Sprachen der Zukunft wird Englisch die Nummer 1 sein. Deutsch wird global gesehen verschwinden. Es wird nicht mehr genug Deutsche geben. Das Schriftbild des Chinesischen, Arabischen, Indischen, Russischen und Griechischen wird sich unseren Buchstaben anpassen, aber das dauert noch 100 bis 300 Jahre.

Und Sie? Wie wird es Ihnen ergehen? – Nicht viel anders als heute, denn all diese Entwicklungen brauchen trotzdem einige Zeit, trotz der rasanten technischen Entwicklungen. Ältere Menschen sind konservativ eingestellt und bremsen neue Entwicklungen. Und die Kosten für neue Basissysteme wie Magnetschwebebahnen, Automatikautos, Wellenkraftwerke oder Kernfusion sind enorm und müssen immer erst mal erwirtschaftet werden. Also keine Panik! Wo jeder aufpassen muss, ist der immer mal wieder anstehende Umstieg auf ein neues System. Das wird immer mit Risiken und Kosten verbunden sein. Genau deswegen muss es wohl überlegt werden. Auch heute muss jeder überlegen, ob er 10.000 Euro in eine Fotovoltaikanlage auf seinem Hausdach investiert oder in einem Windparkfonds anlegt.

Wie hat meine alte Tante immer gesagt: „Es geht immer weiter!“ – Und recht hat sie gehabt.

Augen auf und Neues wagen!

Mehr kann ich jetzt auch nicht sagen.

Windeln

Trotz der ganzen Rackerei
mit der Thea-Kackerei
liefern die noch automatisch
neue Windeln, wie sympathisch.

Wohlgefallen

Donnerwetter, Donnerwetter!
Heute ist so schönes Wetter!
Hoffentlich bleibt's lange warm
und wir werden niemals arm!

Kaltes Wetter woll'n wir nicht.
Nebel macht uns schlechte Sicht.
Keinen Schnee und keinen Matsch!
Das woll'n wir nicht, den nassen Quatsch!

Wir wollen's wohlig, immer warm,
und was Gutes auch im Darm.
Dann schmunzeln wir wie 'n glückliches Schwein
und kuscheln uns ins Bettchen rein.

Wüsten

Riesige Wüsten mit Sand
rauben dir den Verstand.
Was sind das gewaltige Kräfte!
Verdorrt sind hier alle Säfte.
Und trotzdem guckt ‘ne Wüstenmaus
aus einem kleinen Loch heraus!

X vorm U

Sie kennen den Spruch auch? Das ist so ein Typ, der vorm U noch ein X schreibt! Egal, wer hier gerade sprachlich herabgewürdigt wird – ich habe gerade einen Moment Lust dazu, mir über diesen Spruch Gedanken zu machen. Ein X vor ein U stellen. Da kommt Xu heraus. Und was ist Xu? – Ich habe mir gerade den neuesten Duden gekauft und schaue nach. Es gibt kein Xu und auch kein Wort der deutschen Sprache, das mit Xu anfängt.

Mit up haben sich schon eine Menge englischer Worte ins Deutsche hereingemogelt: updaten, upgraden, uploaden. Könnte man da nicht auch x- mal aufwärts sagen, xup!?

Oder wenn eine Sache x-fach super ist, könnte man sie ja auch vereinfachend xuper nennen. Warum nicht?

Egal, über wen das X vorm U verwendet wird, ich sehe es künftig nicht mehr herablassend an, sondern hoch intellektuell und konstruktiv.

Zeit

Die Zeit ist ein ganz besonderes Ding. Die Zeit steht nämlich nicht; sie geht immer weiter. Und von uns Mitteleuropäern wird beinahe jede Minute genau irgendwo dokumentiert, wo wir waren und was wir gerade gemacht haben. Man könnte nach fünf Jahren herauskriegen, wo wir da waren.

Irgendwie finde ich diese Datenflut beängstigend.

Die Zeit steht nie still. Sie fließt, wie ein Fluss. So wie unser Rhein immer wieder Wasser hat, mal bissel mehr oder mal bissel weniger, fließt er vor sich hin. Woher weiß er das? Er weiß es gar nicht. Das Wasser aber weiß es. Wasser muss immer nach unten laufen (Gravitationsgesetz). Und so fließt das gesammelte Wasser eben immer den Berg runter. Und so fließt alles hin? Ins Meer. Eigentlich müssten die Meere mal überschwappen.

Machen sie aber nicht. Also wo verschwindet dann das Wasser? Durch Verdunstung. Es fällt zwar schwer, dass diese Million Kubikmeter Wasser jährlich verdunsten, aber es ist so. Es bilden sich Wolken draus. Wo die mal abregnen, weiß keiner genau. Wenn das einer erfindet, dass tagsüber die Sonne scheint und nachts regnet es, kriegt er bestimmt den Nobelpreis. Gibt's tatsächlich niemanden, bei dem nicht alles dokumentiert wird, wo sozusagen noch die große Freiheit herrscht? Es gibt sie, z.B. bei den Vögeln. Wenn heute Vogel X Piep singt und Vogel Y Pap, dann hat das im Detail niemand registriert. Selbst wenn gerade mal ein Tonband läuft, fehlen Datum, Minute und wer Piep und Pap gezwitschert hat.

Ach so, ab und zu macht der Rhein aber doch noch, was er will. In strengen Winter friert er zu und man kann spazieren gehen. Und er steht still. Nix fließt!

Nochmal zur Zeit. Wo fängt sie an, wo hört sie auf? Die

Zeit beginnt sicher schon vor der Erdexistenz. Daraus könnte man den Lehrsatz ableiten: Zeit existiert nur bei Materieexistenz. Dumme Frage: Und was war vor dem Urknall? Herrschte da die Ewigkeit ohne Substanzen, ohne Minuten und Stunden und Lichtjahren?

Da hätte man schlafen können, zeitlos!

Zeitgemäße Steigerungsformen

Stuhlgang	Normale Verdauung
Durchfall	Übelkeit
Durchfall mit Husten	Erbrechen
Lächeln	Arm
Grinsen	Ärmer
Feixen	Schuldner
Bauer	Reich
Bürger	Reicher
Edelmann	Reeder
Satt	Spannend
Satter	Spannender
Eingeschlafen	Gerissen
Laut	Zufrieden
Lautern	Zufriedener
Kaiserslautern	Pfälzer
Federleicht	Service
Kinderleicht	Politik
Leicht	Verarschen

Bank-Schalterdienst = Klein-Service = Kurzes Gespräch
Telefonbanking = 0,0-Service = Keine Briefe annehmen
Telebanking = 0,00-Service = Kein Internet

Preiswerte Möbel = Selbstabholbare Möbel
Preiswertere Möbel = Selbstabholung beim Belieferer
Preiswerteste Möbel = Selbstbau nach Zeichnung mit Leihmaschinen

Zufriedenheit

Viele Jahre komm' ich schon
als Stammgast hier auf die Station.
Aber immer bin ich, liebe Leut',
zufrieden am Ende so wie heut'.

Meine Brücke hielt doch 17 Jahr
dann ging sie in Flöten ganz und gar.
Doch hier im Hause da wusste man Rat.
Da waren Praktiker und kein Bürokrat.

Als Stammkunde dank ich für meinen Teil
ob Deutsch oder Russisch, heil ist heil.
Also hockt Eich hie und hier werd Eich geholfe,
un wanner fertig seid kemmer widder golfe.

Zu Helden und Legenden

Was sind Helden? Was sind Legenden? Helden sind nach meinem Verständnis Menschen, die unter einem nicht klar erkennbaren Risiko Gutes für andere Menschen getan haben. Und davon gibt es viele. Ich komme noch auf eine besondere Gruppe unter ihnen zurück.

Legenden? Legenden sind Heldengeschichten, um die noch eine passende Geschichte gewachsen ist. Ob die immer wahr ist, kann man getrost bezweifeln. Legenden haben ja eine bestimmte Funktion. Sie sollen, eingebettet in eine schöne, passende Geschichte, den betreffenden Helden quasi glorifizieren, um ein richtig schönes Vorbild daraus zu machen, das sich pädagogisch und werbemäßig nutzen lässt. Ich bin immer ein bisschen skeptisch, wenn ich Legende höre, weil man oft nicht mehr klar die Tat vom Dazugepackten unterscheiden kann. Mir sind Helden lieber; da zählen die Taten und nicht das Brimborium.

Ein Beispiel, zu dem es sicher keine Einsprüche gibt: Vor einigen Jahren war in den USA ein Flugzeug mit Insassen auf einem Fluss voller Eisschollen abgestürzt. Ein Mann, ich glaube einer von der Feuerwehr war es, stürzte sich sofort ins Eiswasser und rettete nicht nur eine Person, sondern noch einmal eine oder zwei. Er konnte unmöglich wissen, wie lange er es im Eiswasser aushalten konnte, ohne selbst umzukommen. Aber die Lebensrettung hatte bei ihm einen so hohen Stellenwert, dass er es einfach gemacht hat. Er hat überlebt und Menschen gerettet. Er ist ein Held. Wäre er umgekommen, vielleicht gleich beim ersten Rettungsversuch, hätten viele Menschen gedacht: „Der war ja auch bescheuert! Wie kann man so was Blödes machen?“ Um als Held zu gelten, muss man also auch noch erfolgreich sein. Geht die Aktion schief, ist man aber eigentlich auch noch ein Held, denn man hat ja etwas Gutes und Risikovolles versucht. Aber da flechtet die Nachwelt seltener Kränze. Ich will nun die Helden einer besonders bescheidenen Gruppe ins Blickfeld rücken. Ich meine die vielen Schwestern, Pfleger und Helfer in Altersheimen und vor allem diejenigen, die Demente pflegen.

Genau bis zu dieser Stelle war ich mit meinem Text gekommen, musste aber aus gesundheitlichen Gründen abbrechen und befand mich einige Tage in einer Intensivstation und anschließend in einer Normalstation eines nahen Krankenhauses. Der Abgabetermin dieses Beitrags für einen Literaturwettbewerb war dadurch vorbei und ich hätte meine Zeilen unter „P" ablegen können. Aber nun, befreit von irgendwelchem Zeitdruck, will ich doch „meinen Helden und Heldinnen" ein Gedenkstein in Worten setzen.

Rein äußerlich sehen sie aus wie du und ich, dick und dünn, jung und alt, deutscher oder ausländischer Herkunft, hübsch oder auch weniger schön. So kann man sie nicht erkennen. Ihr Merkmal ist ein anderes. Sie helfen einfach und unkompliziert verschieden kranken Menschen, obwohl sie genau von denen meistens keinen Dank bekommen, denn diese haben es auf Grund ihrer reduzierten, geistigen Fähigkeiten verlernt, Bitte und Danke zu sagen.

Krankheitsbedingt können diese Patienten auch schlagen oder beißen, wenn sie etwas anderes machen sollen, was sie im Moment gerade gar nicht haben wollen. Und dabei trotzdem weiter ein freundlicher Helfer für Kranke zu bleiben, ist heldenhaft. Meine Helden bleiben cool, wenn jemand gerade auf dem Klo war und dann z.B. wegen seiner Inkontinenz durch alle Kleidungsstücker den ganzen Flur vollmacht. Meine Helden drehen ganz ruhig das verkehrt herum gehaltene Brötchen in der Hand des Patienten wieder um, führen den nächsten unschlüssig im Schlafanzug auf dem Flur stehenden Patienten in sein Zimmer und ziehen ihm andere Kleidung an. Wieder andere füttern apathisch Dreinschauende, damit sie nicht verhungern.

Ich habe viele Tage diesen Menschen bei der Arbeit zugesehen, wie sie fleißig, ruhig und oft mit einem freundlichen Lächeln das Notwendige tun, um den Patienten, soweit es möglich ist, ein würdevolles Dasein trotz schlimmer Krankheiten zu ermöglichen.

Habt alle ganz herzlichen Dank für eure große Hilfe bei den Menschen, die sie wirklich brauchen!

Ein letztes Wort noch zum Geld, das ja heute nahezu alles stark beeinflusst.

Gute Menschen sollen auch gut bezahlt werden für ihre Arbeit. Also, wer die Rechnung der Heime bezahlt, darf zwar stöhnen, ich bin auch einer von denen und weiß, wovon ich schreibe, aber zahlt! Ihr bezahlt die Helden des Landes! Mir ist es lieber, wir geben noch eine Million mehr aus für gute Heime als für Panzer.

Und den Menschen, die niemand im Heim haben und sich darüber natürlich zu recht freuen mögen, sage ich: Lasst bei passender Gelegenheit auch mal aus eurem Portmonee in Richtung Heime einen Schein rüberwachsen. Egal, ob er bei den Patienten oder dem Personal ankommt; beides ist richtig.

Danksagung

Bei der Erstellung der Texte war mir Frau Ilse Witte sehr behilflich. Ich danke ihr dafür sehr.
Für die Druckfehlersuche danke ich herzlich meiner Nichte Katrin Welsch.